BELIEBT UND BEWÄHRT

Kärntner Sasaka

Der würzige Fleischaufstrich stammt aus dem Kärntner Gailtal. Er braucht zwar etwas Zeit, läßt sich aber gut vorbereiten. Kühl aufbewahrt ist er bis zu 2 Wochen haltbar.

Zutaten für 8 Personen:
600 g frischer Schweinebauch
1 Teel. gemahlener Kümmel
1/4 Teel. schwarzer Pfeffer, frisch gemahlen
Salz
2 Knoblauchzehen
2 Eßl. Schweineschmalz
Zum Garnieren:
1 kleine Zwiebel (etwa 50 g)
1 Teel. edelsüßes Paprikapulver

Braucht etwas Zeit

Pro Portion etwa:
1500 kJ / 360 kcal
11 g Eiweiß · 34 g Fett
1 g Kohlenhydrate

- Dauert insgesamt etwa 2 Stunden

1. Das Schweinefleisch kalt abspülen und mit Küchenpapier trockentupfen. Den Kümmel, den Pfeffer und etwas Salz in einem Schälchen mischen. Die Knoblauchzehen durch die Presse dazudrücken.

2. Das Schweinefleisch mit dieser Gewürzmischung ringsherum kräftig einreiben. Den Backofen auf 220° vorheizen.

3. Das Schweineschmalz in einer Bratpfanne auf dem Herd erhitzen. Das Fleisch darin bei starker Hitze von allen Seiten anbraten.

4. Den Schweinebauch im vorgeheizten Backofen in etwa 1 Stunde fertigbraten. Das Fleisch dabei gelegentlich mit dem entstehenden Saft bestreichen.

5. Das gebratene Schweinefleisch etwa 15 Minuten abkühlen lassen. Danach die Schwarte entfernen und den Schweinebauch erst in Scheiben, dann in Streifen schneiden. Dabei die Knorpel entfernen.

6. Das Fleisch durch die grobe Scheibe des Fleischwolfes drehen oder sehr fein hacken. Das zerkleinerte Fleisch mit dem Bratfond vermengen.

7. Den Aufstrich noch einmal mit Salz und Pfeffer pikant abschmecken und auskühlen lassen. Die Zwiebel in dünne Ringe schneiden.

8. Den ausgekühlten Fleischaufstrich mit den Zwiebelringen garniert und mit dem Paprikapulver bestäubt servieren. Er paßt gut zu kräftigem Bauernbrot oder Roggenbrot.

Tip!

Bunte Zwiebelringe zum Garnieren erhalten Sie, wenn Sie die Ringe in Currypulver, Paprikapulver oder gehackten Kräutern wenden.

Variante:
Kärntner Verhackertes
Statt Schweinebauch durchwachsenen Räucherspeck ohne Schwarte und Knorpel in Stücke schneiden und durch den Fleischwolf drehen. Das Verhackerte mit durchgepreßtem Knoblauch, etwas Salz, reichlich frisch gemahlenem schwarzem Pfeffer und getrocknetem zerriebenem Majoran pikant würzen.

Dieser Aufstrich eignet sich auch gut als Bestandteil eines Buffets. Sie können dann problemlos die doppelte Menge zubereiten. Doch selbst im kleinen Haushalt ist er sehr beliebt, denn er läßt sich gut aufbewahren.

Brotaufstriche aus aller Welt

Selbstgemachte Brotaufstriche – von einfach bis raffiniert – schmecken nicht nur besser, sie sind auch viel gesünder und preiswerter als industriell erzeugte Produkte. Ohne großen Zeitaufwand und spezielle Küchengeräte können Sie aus frischen Zutaten leicht und problemlos die feinsten Aufstriche herstellen. Lassen Sie sich von den brillanten Farbfotos zum Ausprobieren und vielleicht sogar zum Abwandeln der Aufstriche anregen.

INHALT

ANRICHTEN UND GARNIEREN

Garnierungen erfordern weder viel Zeit noch Geld, sondern nur etwas Geschicklichkeit und Phantasie. In diesem Kapitel finden Sie einige Anregungen, wie Sie Ihre Aufstriche mit einfachen Mitteln noch appetitlicher anrichten können.
Ein liebevoll gedeckter Tisch, frische Brötchen und mehrere verschiedene Brotsorten tragen ebenfalls zur Abwechslung bei.

Um Brotaufstriche abwechslungsreich und hübsch zu dekorieren, sind ein paar nützliche Helfer, vor allem ein Eischneider, verschiedene Ausstechförmchen und gute Messer, fast unerläßlich.

Das richtige Werkzeug

Garnieren geht mit den praktischen kleinen Küchenhelfern leichter und schneller. Einige davon sind vielleicht schon in Ihrer Küche vorhanden, die anderen bekommen Sie im Haushaltswarengeschäft.
Für die meisten Verzierungen benötigen Sie nur ein gutes, scharfes Küchenmesser. Ein Buntmesser mit zackig geschliffener Klinge brauchen Sie, um bißfest gekochtes Gemüse in dekorative, gerillte Scheiben zu schneiden. Mit kleinen Ausstechformen mit verschiedenen Motiven können Sie die Garnituren ausstechen. Die Formen sollten zwischen 1 und 5 cm Durchmesser haben. Zum Schneiden von hartgekochten Hühnereiern gibt es zwei verschiedene Arten von Schneidegeräten. Sie teilen die Eier entweder in gleichmäßige Scheiben oder in Sechstel. Mit einem Juliennereißer läßt sich rohes Gemüse ganz leicht in feine Streifen schneiden. Ein Kanneliermesser verwendet man zum dekorativen Einkerben von Obst und Gemüse. Für aufgespritzte Dekorationen wie Streifen, Tupfen oder Girlanden ist ein kleiner Spritzbeutel mit verschiedenen glatten und gezackten Tüllen unentbehrlich.

Die passenden Zutaten

Wichtig ist, daß die Garnierung größen- und mengenmäßig sowie farblich und geschmacklich zum Aufstrich paßt und ihn ergänzt.
Am einfachsten ist es, Gewürze wie beispielsweise edelsüßes Paprikapulver, Currypulver oder grobgemahlenen Pfeffer über die bestrichenen Brote zu streuen. Mit Hilfe einer Schablone aus Papier können Sie dabei verschiedene Muster erzielen. Achten Sie aber immer darauf, daß Sie den Aufstrich nicht der optischen Wirkung wegen zu stark würzen.
Frische Kräuter passen als kleine Sträußchen, Blättchen oder feingehackt zu allen pikanten Brotaufstrichen. Gut eignen sich Schnittlauch, Petersilie, Dill, Basilikum, Estragon, Kerbel, Salbei und Zitronenmelisse.
Sprossen sind eine würzige Garnierung und außerdem reich an Vitaminen und Mineralstoffen. Die gewaschenen Sprossen

(zum Beispiel Alfalfa-, Senf- oder Rettichsprossen) einfach über die bestrichenen Brote streuen. Die eßbaren Blüten von Gänseblümchen, Ringelblumen, Kapuzinerkresse, Schafgarbe und Borretsch sind farbenprächtige, originelle Dekorationen.
Weiße oder rote Zwiebeln können Sie in dünne Ringe oder kleine Würfel schneiden. Wenn Sie Geruch und Geschmack roher Zwiebeln nicht so mögen, überbrühen Sie die geschnittenen Zwiebeln einfach kurz mit kochendem Wasser. Geröstete Zwiebeln passen besonders gut zu Leberaufstrichen.
Bunte Paprikaschoten, in Ringe, Streifen oder Würfel geschnitten, sind eine hübsche, pikante Garnitur.
Frische Radieschen lassen sich mit ihrer leuchtend roten Farbe besonders vielseitig verwenden. Sie können sie zum Beispiel in Scheiben, Stifte oder zu Rosetten schneiden.
Die kleinen Kirsch- oder Cocktailtomaten eignen sich ausgezeichnet zum Garnieren. Und auch normal große Tomaten sehen, als Scheiben oder Sechstel, sehr dekorativ aus. Oder Sie enthäuten und entkernen die Tomaten und schneiden das Fruchtfleisch in kleine Würfel.
Meerrettich harmoniert mit seiner pikanten Schärfe gut mit Fleisch- und Eieraufstrichen. Am besten und intensivsten schmeckt er frisch gerieben.

Von rohen Möhren können Sie mit dem Juliennereißer feine Streifen abziehen. Oder Sie raspeln die Möhren fein.
Wenn Sie eine Salatgurke der Länge nach mit dem Kanneliermesser einkerben und danach in Scheiben schneiden, entsteht ein hübsches, sternförmiges Muster. Möhren- und Gurkenscheiben, abwechselnd angeordnet, sind eine schnelle, farbenfrohe Garnierung für Käse- und Gemüseaufstriche.
Gewürzgurken, in runde oder ovale Scheiben oder zu Fächern geschnitten, schmecken gut auf herzhaften Fleischaufstrichen.
Schwarze Oliven sind im ganzen oder halbiert als Verzierung geeignet. Grüne Oliven mit roter Füllung sehen in Scheibchen geschnitten sehr appetitlich aus. Kapern passen geschmacklich und optisch gut zu Frischkäseaufstrichen. Kleinere Kapern, die übrigens auch würziger schmecken, können Sie im ganzen verwenden, größere sollten Sie halbieren. Silberzwiebeln, Maiskölbchen und Cornichons (sehr kleine Essiggurken) eignen sich als pikante Garnituren. Wer Scharfes liebt, wird sich über kleine eingelegte Peperoni (Piri-Piri) freuen.

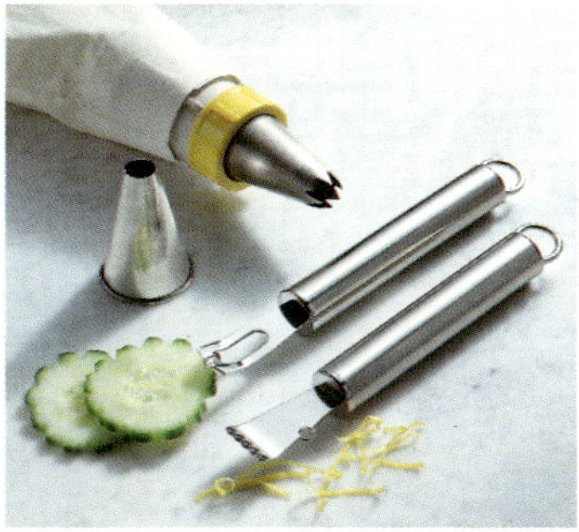

Mit Kanneliermesser und Spritzbeutel können Sie die Brote mit feiner Zitrusschale und Sahnerosetten hübsch dekorieren.

Champignons können Sie roh oder gegart in dünne Scheiben schneiden. Sie eignen sich gut zur Verzierung von Aufstrichen mit kräftigen Farben.
Helle oder dunkle Weintrauben, halbiert und entkernt, passen besonders gut zu Käse- und Schinkenaufstrichen.
Je kleiner hartgekochte Eier sind, desto besser sind sie zum Garnieren geeignet, da die Scheiben und Sechstel dann nicht so leicht zerfallen. Neben Hühnereiern können Sie daher auch Wachtel- und Möweneier verwenden. Eier lassen sich gut mit Tomaten und Oliven kombinieren.
Hartkäse können Sie entweder reiben oder in dünne Streifen oder kleine Würfel schneiden.
Sonnenblumenkerne, Sesam, Leinsamen und Mohn sehen, im ganzen über den Aufstrich gestreut, besonders hübsch aus.
Walnußkerne sollten Sie halbieren, Haselnüsse in feine Scheibchen und Mandeln in Stifte schneiden. Alle Nüsse eignen sich auch gemahlen, grob oder fein gehackt zum Garnieren.
Mit gewässerten, in feine Streifen geschnittenen Sardellenfilets lassen sich bestrichene Brote gitterartig belegen.
Von den Kaviarsorten eignen sich schwarzer Garnierkaviar, roter Keta-Kaviar und gelber Forellenkaviar hervorragend zum Dekorieren.
Trüffeln sind die wohl feinste, aber auch kostspieligste Verzierung. Sie werden zu ganz besonderen Anlässen und selbst dann nur als hauchdünne Scheiben, Streifen oder Stifte zum Garnieren verwendet.

Kräutertopfen aus Kärnten

Die in der Kärntner Küche bevorzugten Zutaten, Topfen (Quark) und frische Kräuter, sind hier zu einem äußerst wohlschmeckenden Brotaufstrich vereint.

Zutaten für 4 Personen:
250 g Topfen (Quark mit 20 % Fett)
50 g weiche Butter
1 Eßl. saure Sahne
1 kleine Zwiebel (etwa 50 g)
1 Knoblauchzehe
etwa 50 g gemischte frische Kräuter (zum Beispiel Petersilie, Dill, Kerbel, Estragon, Minze und Kresse)
1 Messerspitze gemahlener Kümmel
Salz
schwarzer Pfeffer, frisch gemahlen

Schnell

Pro Portion etwa:
760 kJ / 180 kcal
9 g Eiweiß · 14 g Fett
5 g Kohlenhydrate

- Dauert insgesamt etwa 15 Minuten

1. Den Topfen mit der Butter und der sauren Sahne in einer Schüssel verrühren.

2. Die Zwiebel fein hacken und hinzufügen. Die Knoblauchzehe durch die Presse dazudrücken.

3. Die Kräuter waschen, trockenschwenken, von den groben Stielen befreien, fein hacken und unterrühren.

4. Den Kräutertopfen mit dem Kümmel, Salz und Pfeffer pikant abschmecken. Er paßt gut zu Vollkornbrot oder Bauernbrot.

Waldviertler Erdäpfelkas

Dieser schmackhafte Aufstrich eignet sich (in der doppelten Menge) sehr gut zur Bewirtung einer größeren Gruppe.

Zutaten für 4 Personen:
200 g mehligfestkochende Erdäpfel (Kartoffeln)
Salz
1 Ei
50 g weiche Butter
1 Teel. scharfer Senf
1 kleine Zwiebel (etwa 50 g)
1 Sardellenfilet (aus der Dose)
1 kleine Gewürzgurke
1 Bund Schnittlauch
1 Teel. edelsüßes Paprikapulver
1/2 Teel. gemahlener Kümmel
eventuell 1-2 Eßl. saure Sahne

Preiswert

Pro Portion etwa:
730 kJ / 170 kcal
5 g Eiweiß · 13 g Fett
10 g Kohlenhydrate

- Dauert insgesamt etwa 50 Minuten

1. Die Erdäpfel gründlich waschen und ungeschält in leicht gesalzenem Wasser in etwa 25 Minuten weich kochen. Das Ei in 10 Minuten hart kochen, dann mit kaltem Wasser abschrecken.

2. Die Butter mit dem Senf in einer Schüssel verrühren. Die Zwiebel schälen. Das Sardellenfilet abtropfen lassen. Die Zwiebel, das Sardellenfilet und die Gewürzgurke fein hacken und zur Butter geben.

3. Das Ei schälen, das Eiweiß abtrennen, fein hacken und unterrühren. Das Eigelb durch ein Sieb dazustreichen. Den Schnittlauch waschen, trockenschwenken, in feine Röllchen schneiden und zum Garnieren beiseite legen.

4. Die Kartoffeln abgießen, auskühlen lassen, schälen und durch die Presse zu der Buttermischung drücken. Alles gut verrühren und mit dem Paprikapulver, dem Kümmel und etwas Salz pikant würzen. Eventuell noch die saure Sahne unterrühren, damit die Masse gut streichfähig wird.

5. Den Erdäpfelkas mit den Schnittlauchröllchen bestreut servieren. Der Aufstrich paßt gut zu kräftigen dunklen Brotsorten.

Im Bild vorne:
Waldviertler Erdäpfelkas
Im Bild hinten:
Kräutertopfen aus Kärnten

Bierquargel

Zutaten für 4 Personen:
250 g sehr reife Olmützer Quargel (ersatzweise Harzer Käse)
50 g weiche Butter
3 Eßl. saure Sahne
1 kleine Zwiebel (etwa 50 g)
2-4 Eßl. helles Bier
1 Bund Schnittlauch
1 Teel. edelsüßes Paprikapulver
1/2 Teel. gemahlener Kümmel
Salz

Gelingt leicht

Pro Portion etwa:
850 kJ / 200 kcal
20 g Eiweiß · 13 g Fett
2 g Kohlenhydrate

• Dauert insgesamt etwa 15 Minuten

1. Die Quargel in einer Schüssel mit einer stabilen Gabel sehr fein zerdrücken. Die Butter und die saure Sahne unterrühren.

2. Die Zwiebel fein hacken und hinzufügen. Nach und nach so viel Bier dazurühren, daß eine gut streichfähige Masse entsteht.

3. Den Schnittlauch waschen, trockenschwenken, in feine Röllchen schneiden und unterrühren.

4. Den Quargelaufstrich mit dem Paprikapulver, dem Kümmel und etwas Salz pikant würzen. Der Aufstrich ist, kühl aufbewahrt, bis zu 2 Tage haltbar. Er paßt gut zu Vollkornbrot.

Heringskäse

Zutaten für 4 Personen:
200 g Matjesfilets
1 kleiner säuerlicher Apfel (etwa 100 g)
1 kleine Zwiebel (etwa 50 g)
100 g Quark (20 % Fett)
2 Eßl. saure Sahne
1 Bund Petersilie
schwarzer Pfeffer, frisch gemahlen
Zum Garnieren:
1 Ei
1 kleine rote Paprikaschote (etwa 100 g)

Schnell • Preiswert

Pro Portion etwa:
930 kJ / 220 kcal
14 g Eiweiß · 16 g Fett
6 g Kohlenhydrate

• Dauert insgesamt etwa 20 Minuten

1. Die Matjesfilets mit kaltem Wasser abspülen, trockentupfen, mit einer Pinzette von eventuell vorhandenen Gräten befreien und fein hacken. Das Ei für die Garnierung in 10 Minuten hart kochen, dann kalt abschrecken.

2. Den Apfel waschen, schälen und fein raspeln. Die Zwiebel fein hacken.

3. Den Quark mit der sauren Sahne in einer Schüssel verrühren. Die Matjesfilets, die Apfelraspeln und die Zwiebel hinzufügen.

4. Die Petersilie waschen, trockenschwenken, von groben Stielen befreien, fein hacken und unterrühren. Den Aufstrich mit etwas Pfeffer pikant abschmecken.

5. Das Ei schälen und in dünne Scheiben schneiden. Die Paprikaschote waschen, trockentupfen und in dünne Ringe schneiden, dabei vom Stielansatz und von den weißen Rippen befreien.

6. Den Heringskäse mit den Eischeiben und den Paprikaringen garniert servieren. Er paßt gut zu Vollkornbrot oder Pumpernickel.

Im Bild oben: Bierquargel
Im Bild unten: Heringskäse

Weinviertler Eieraufstrich

Dieser herzhafte Aufstrich aus Niederösterreich ist rasch zubereitet und schmeckt köstlich.

Zutaten für 4 Personen:
2 Eier
1 kleine grüne Paprikaschote (etwa 100 g)
1/2 Bund Petersilie
1/2 Bund Schnittlauch
100 g magerer gekochter Schinken
1 kleine Gewürzgurke
1 Teel. eingelegte grüne Pfefferkörner aus dem Glas
2 Eßl. Crème fraîche
Salz

Preiswert

Pro Portion etwa:
610 kJ / 150 kcal
9 g Eiweiß · 11 g Fett
2 g Kohlenhydrate

• Dauert insgesamt etwa 35 Minuten

1. Die Eier in 10 Minuten hart kochen, dann mit kaltem Wasser abschrecken und schälen. Die Paprikaschote waschen und vom Stielansatz und von den weißen Rippen und Kernen befreien.

2. Die Petersilie und den Schnittlauch waschen und trockenschwenken. Die Eier, die Paprikaschote, die Petersilie, den Schinken und die Gewürzgurke fein hacken.

3. Den Schnittlauch in feine Röllchen schneiden. Die Pfefferkörner abtropfen lassen und grob zerhacken oder im Mörser zerstoßen.

4. Alle zerkleinerten Zutaten in einer Schüssel gut vermengen. Die Crème fraîche unterrühren. Den Eieraufstrich mit etwas Salz pikant abschmecken. Er paßt gut zu Vollkorn- oder Bauernbrot.

Tip!

Angeschlagene Eier müssen nicht immer als Rührei enden. Wenn Sie Eier mit beschädigten Schalen in Alufolie hüllen, laufen sie beim Kochen nicht aus.

Sacherkäse

Dieses Rezept soll von Eduard Sacher, dem Gründer des bekannten Wiener Hotels, stammen. Die weltberühmte Sachertorte hat übrigens sein Vater Franz Sacher 1832 als 16jähriger Kochlehrling im Hause des Fürsten Metternich erfunden.

Zutaten für 4 Personen:
3 Eier
250 g Quark (20 % Fett)
1 Eßl. saure Sahne
50 g weiche Butter
1 kleine Zwiebel (etwa 50 g)
2 Sardellenfilets (aus der Dose oder dem Glas)
1 Teel. scharfer Senf
1 Teel. edelsüßes Paprikapulver
Salz
schwarzer Pfeffer, frisch gemahlen
Zum Garnieren:
1/2 Bund krause Petersilie

Raffiniert

Pro Portion etwa:
1000 kJ / 240 kcal
15 g Eiweiß · 19 g Fett
4 g Kohlenhydrate

- Dauert insgesamt etwa 35 Minuten

1. Die Eier in 10 Minuten hart kochen, dann mit kaltem Wasser abschrecken. Den Quark mit der sauren Sahne und der Butter in einer Schüssel verrühren.

2. Die Zwiebel fein hacken und hinzufügen. Die Sardellenfilets abtropfen lassen, fein hacken und unterrühren. Die Eier schälen und halbieren. An den Schnittflächen beginnend jeweils einige schöne Scheiben abschneiden und zum Garnieren beiseite legen.

3. Die restlichen Eiweiße fein hacken und zu der Quark-Butter-Mischung geben. Die restlichen Eigelbe durch ein Sieb dazustreichen. Den Aufstrich mit dem Senf, dem Paprikapulver, Salz und Pfeffer pikant abschmecken.

4. Die Petersilie waschen, trockenschwenken und in kleine Sträußchen teilen. Den Sacherkäse mit den Eischeiben und den Petersiliensträußchen garniert servieren. Er paßt gut zu kräftigem Bauernbrot oder Vollkornbrot.

Liptauer

Nach dem slowakischen Tal Liptau ist einer der bekanntesten und beliebtesten Brotaufstriche benannt. Von den zahlreichen Liptauervarianten schmeckt mir diese besonders gut. Der Liptauer entfaltet seinen Geschmack übrigens am besten, wenn Sie ihn etwa 1 Stunde vor dem Servieren zubereiten.

Zutaten für 4 Personen:
1 Zwiebel (etwa 100 g)
1 Bund Schnittlauch
1 Teel. Kapern
1 Sardellenfilet (aus der Dose oder dem Glas)
250 g Sahnequark (40 % Fett)
50 g weiche Butter
1 Teel. scharfer Senf
1 Eßl. edelsüßes Paprikapulver
1/2 Teel. gemahlener Kümmel
Salz
Zum Bestreuen:
1 Teel. edelsüßes Paprikapulver

Schnell

Pro Portion etwa:
900 kJ / 210 kcal
8 g Eiweiß · 18 g Fett
4 g Kohlenhydrate

• Dauert insgesamt etwa 15 Minuten

1. Die Zwiebel fein hacken. Den Schnittlauch waschen, trockenschwenken und in feine Röllchen schneiden. Die Kapern und das Sardellenfilet abtropfen lassen und fein hacken.

2. Den Quark in einer Schüssel mit der Butter und dem Senf verrühren. Die Zwiebelwürfel, die Schnittlauchröllchen, die zerkleinerten Kapern und das gehackte Sardellenfilet unterrühren. Den Aufstrich mit dem Paprikapulver, dem Kümmel und etwas Salz pikant würzen.

3. Den Brotaufstrich auf einem Teller kegelförmig anrichten und mit einer Messerspitze ein dekoratives Muster eindrücken. Den Liptauer mit dem Paprikapulver bestäubt servieren. Er paßt gut zu frischem Vollkornbrot.

Obatzter

Zutaten für 4 Personen:
300 g gut durchgereifter weicher Camembert
50 g weiche Butter
2 Eßl. helles Bier
1 Zwiebel (etwa 100 g)
1 Eßl. edelsüßes Paprikapulver
1/2 Teel. gemahlener Kümmel
Salz
schwarzer Pfeffer, frisch gemahlen
1/2 Bund Schnittlauch

Berühmtes Rezept
Schnell

Pro Portion etwa:
1300 kJ / 310 kcal
16 g Eiweiß · 27 g Fett
2 g Kohlenhydrate

• Dauert insgesamt etwa 15 Minuten

1. Den Camembert entrinden und in einer Schüssel mit einer Gabel zerdrücken. Die Butter und das Bier unterrühren.

2. Die Zwiebel fein hacken und hinzufügen. Den Aufstrich mit dem Paprikapulver, dem Kümmel, Salz und dem frisch gemahlenen Pfeffer pikant abschmecken. Den Schnittlauch waschen, trockenschwenken und in feine Röllchen schneiden.

3. Den Camembertaufstrich auf einem Teller kuppelförmig anrichten und mit den Schnittlauchröllchen bestreuen. Er paßt gut zu Bauernbrot oder Laugenbrezeln.

Variante:
Fränkischer Gerupfter
Statt dem Camembert je 150 g Limburger Käse und Romadur nehmen. Das Bier in diesem Fall weglassen und weniger Paprikapulver verwenden.

Im Bild vorne: Liptauer
Im Bild hinten: Obatzter

Kräuterschmalz

Zutaten für 12 Personen:
1 kleine Zwiebel (etwa 50 g)
1 Zweig frischer Rosmarin, ersatzweise 1 Teel. getrockneter Rosmarin
je 1 Bund Petersilie und Schnittlauch
500 g Schweineschmalz
Salz
schwarzer Pfeffer, frisch gemahlen

Preiswert • Schnell

Pro Portion etwa:
1600 kJ / 380 kcal
1 g Eiweiß · 42 g Fett
1 g Kohlenhydrate

• Dauert insgesamt etwa 20 Minuten

1. Die Zwiebel fein hacken. Den Rosmarin waschen, trockenschwenken und die Nadeln von den Stielen zupfen. Die Petersilie und den Schnittlauch waschen und trockenschwenken. Die Petersilie und den Rosmarin fein hacken. Den Schnittlauch in Röllchen schneiden.

2. 2 Eßlöffel Schweineschmalz in einer Pfanne erhitzen. Die Zwiebelwürfel darin glasig braten. Die zerkleinerten Kräuter ganz kurz mitbraten, danach die Masse auskühlen lassen.

3. Das restliche Schweineschmalz cremig rühren. Die ausgekühlte Zwiebel-Kräuter-Mischung untermengen. Das Kräuterschmalz mit Salz und Pfeffer pikant abschmecken. Kühl und dunkel aufbewahrt hält es sich bis zu 2 Wochen.

Steirisches Grammelschmalz

Zutaten für 12 Personen:
1 kg frischer fetter Schweinespeck (Rücken) ohne Schwarte
1/8 l Milch
1/8 l Wasser
Salz
1 große Zwiebel (etwa 150 g)
2 Knoblauchzehen
1 großer säuerlicher Apfel (etwa 200 g)
1 Teel. getrockneter, zerriebener Majoran

Braucht etwas Zeit

Pro Portion etwa:
2700 kJ / 640 kcal
4 g Eiweiß · 69 g Fett
3 g Kohlenhydrate

• Dauert insgesamt etwa 1 Stunde

1. Den Schweinespeck in kleine Würfel schneiden und in einen weiten Topf mit schwerem Boden geben.

2. Die Milch und das Wasser dazugießen, kräftig salzen und den Speck bei schwacher Hitze in etwa 30 Minuten langsam auslassen. Dabei häufig umrühren.

3. Die Zwiebel in kleine Würfel schneiden. Die Knoblauchzehen fein hacken.

4. Den Apfel waschen, schälen und in kleine Würfel schneiden, dabei vom Kerngehäuse befreien.

5. Wenn die Speckwürfel gelblich zu werden beginnen, nach und nach die Zwiebel-, Knoblauch- und Apfelstückchen sowie den Majoran hinzufügen und noch etwa 15 Minuten mitbraten lassen.

6. Wenn die Grammeln (Grieben) goldbraun geworden sind, den Topf vom Herd nehmen und das Schmalz etwas abkühlen lassen.

7. Das Schmalz in kleine Steinguttöpfchen oder Gläser abfüllen und bei Zimmertemperatur erstarren lassen.

8. Die Gefäße nach dem Auskühlen mit Pergamentpapier oder Frischhaltefolie verschließen. Das Grammelschmalz hält sich kühl und dunkel aufbewahrt einige Wochen. Es paßt gut zu kräftigem Bauernbrot.

Tip!

Wenn Sie den Speck etwa 30 Minuten vor dem Zubereiten in das Gefrierfach legen, läßt er sich leichter schneiden.

Im Bild vorne: Kräuterschmalz
Im Bild hinten: Steirisches Grammelschmalz

Schottische Bücklingspaste

Zutaten für 4 Personen:
250 g Bücklingsfilets ohne Haut
und Gräten
50 g weiche Butter
1 kleine Zwiebel (etwa 50 g)
1 Eßl. Zitronensaft
1 Prise Cayennepfeffer
1 Prise Muskatnuß, frisch gerieben
Salz
Zum Bestreuen:
1 Bund Petersilie

Schnell

Pro Portion etwa:
1000 kJ / 240 kcal
14 g Eiweiß · 20 g Fett
2 g Kohlenhydrate

- Dauert insgesamt etwa 15 Minuten

1. Die Bücklingsfilets fein hacken und in einer Schüssel mit der Butter verrühren. Die Zwiebel fein hacken und unterrühren.

2. Den Aufstrich mit dem Zitronensaft, dem Cayennepfeffer, der geriebenen Muskatnuß und etwas Salz pikant würzen.

3. Die Petersilie waschen, trockenschwenken, von den groben Stielen befreien und fein hacken. Die Bücklingspaste mit der gehackten Petersilie bestreut servieren. Sie paßt gut zu Toastbrot oder Schwarzbrot.

Gurkenmousse aus England

Dieser erfrischende Aufstrich läßt sich gut vorbereiten.

Zutaten für 4 Personen:
1 Salatgurke (etwa 500 g)
Salz
3 Blatt farblose Gelatine
1 Bund Petersilie
1/2 Bund Dill
100 g Sahne
1 Eßl. Zitronensaft
1 Prise Puderzucker
weißer Pfeffer, frisch gemahlen
4 Eßl. Gemüsebrühe, frisch gekocht
oder aus Würfeln
Für die Form:
1 Teel. geschmacksneutrales Öl

Raffiniert

Pro Portion etwa:
460 kJ / 110 kcal
2 g Eiweiß · 10 g Fett
5 g Kohlenhydrate

- Dauert insgesamt etwa 5 1/2 Stunden
- Kühlzeit: etwa 5 Stunden

1. Die Gurke schälen, fein raspeln, leicht salzen und etwa 10 Minuten ruhen lassen. Die Gelatine in kaltem Wasser 5 Minuten einweichen.

2. Die Petersilie und den Dill waschen, trockenschwenken, von den groben Stielen befreien und fein hacken. Die Sahne halbsteif schlagen.

3. Die Gurkenraspeln in einem sauberen Tuch gut ausdrücken, in eine Schüssel geben und mit dem Zitronensaft, dem Puderzucker, etwas Salz und reichlich Pfeffer kräftig würzen. Die feingehackten Kräuter unterrühren.

4. Die Gemüsebrühe erhitzen und die Gelatine darin auflösen. Dann unter die Gurkenmasse ziehen.

5. Wenn die Masse zu gelieren beginnt, die geschlagene Sahne unterheben.

6. Eine geeignete Form, am besten eine aus Blech, mit dem Öl ausstreichen. Die Gurkenmousse hineinfüllen, glattstreichen, mit Frischhaltefolie bedekken und mindestens 5 Stunden in den Kühlschrank stellen.

7. Die Gurkenmousse stürzen und servieren. Sie ist im Kühlschrank bis zu 3 Tage haltbar. Die Mousse paßt gut zu Schwarzbrot oder Vollkornbrot.

Im Bild oben: Schottische Bücklingspaste
Im Bild unten: Gurkenmousse aus England

Ungarischer Paprikakäse

Der pikante Aufstrich schmeckt genauso gut, wenn Sie Paprikaschoten von nur einer Farbe verwenden.

Zutaten für 4 Personen:
je 1 kleine grüne, rote und gelbe Paprikaschote (etwa 300 g)
1 kleine Zwiebel (etwa 50 g)
1 Bund Schnittlauch
100 g ungarischer Schafkäse (oder anderer weicher Schafkäse)
2 Eßl. saure Sahne
2 Knoblauchzehen
Salz
weißer Pfeffer, frisch gemahlen

Schnell

Pro Portion etwa:
420 kJ / 100 kcal
5 g Eiweiß · 7 g Fett
4 g Kohlenhydrate

- Dauert insgesamt etwa 15 Minuten

1. Die Paprikaschoten gründlich waschen, trockentupfen, von den Stielansätzen, weißen Rippen und Kernen befreien und in sehr kleine Würfel schneiden.

2. Die Zwiebel fein hacken. Den Schnittlauch waschen, trockenschwenken und in feine Röllchen schneiden.

3. Den Schafkäse mit der sauren Sahne in einer Schüssel verrühren. Die Paprikaschotenwürfel, die gehackte Zwiebel und die Schnittlauchröllchen hinzufügen.

4. Die Knoblauchzehen durch die Presse dazudrücken. Den Paprikakäse mit Salz und Pfeffer pikant abschmecken. Er paßt gut zu allen dunklen Brotsorten.

Griechische Kastanien-Huhn-Paste

Sie können diesen feinen Aufstrich auch aus gebratenen Kastanien zubereiten.

Zutaten für 4 Personen:
200 g Eßkastanien (Maronen)
Salz
150 g gegartes, entbeintes Hühnerfleisch
1 kleines Stück Sellerieknolle (etwa 100 g)
1 Teel. Zitronensaft
2 Eßl. Crème fraîche
weißer Pfeffer, frisch gemahlen

Braucht etwas Zeit

Pro Portion etwa:
740 kJ / 180 kcal
11 g Eiweiß · 6 g Fett
20 g Kohlenhydrate

- Dauert insgesamt etwa 1 Stunde

1. Die Kastanien waschen und an den spitzen Enden mit einem scharfen Messer kreuzweise einschneiden. Die Kastanien in leicht gesalzenem Wasser bei mittlerer Hitze zugedeckt in etwa 40 Minuten weich kochen.

2. Das Hühnerfleisch enthäuten und durch den Fleischwolf drehen oder sehr fein hacken. Die Sellerieknolle schälen, fein raspeln und sofort mit dem Zitronensaft beträufeln, damit sie weiß bleibt.

3. Die Kastanien abgießen und noch warm von den Schalen und den braunen Innenhäuten befreien. Die gekochten Kastanien in einer Schüssel zu Püree zerstampfen.

4. Das Kastanienpüree mit dem zerkleinerten Hühnerfleisch, den Sellerieraspeln und der Crème fraîche verrühren. Die Kastanien-Huhn-Paste mit Salz und Pfeffer pikant abschmecken. Sie paßt gut zu Weißbrot oder Vollkorntoastbrot.

Im Bild vorne: Griechische Kastanien-Huhn-Paste
Im Bild hinten: Ungarischer Paprikakäse

Ei-Oliven-Aufstrich aus Spanien

Zutaten für 4 Personen:
2 Eier
50 g schwarze Oliven
1 Teel. Kapern
1 vollreife Tomate (etwa 100 g)
1 Bund Petersilie
1 kleine Zwiebel (etwa 50 g)
1 Knoblauchzehe
2 Eßl. kaltgepreßtes Olivenöl
Salz
weißer Pfeffer, frisch gemahlen

Raffiniert

Pro Portion etwa:
780 kJ / 190 kcal
5 g Eiweiß · 17 g Fett
4 g Kohlenhydrate

- Dauert insgesamt etwa 35 Minuten

1. Die Eier in 10 Minuten hart kochen, dann mit kaltem Wasser abschrecken. Die Oliven entsteinen und zusammen mit den Kapern fein hacken.

2. Die Tomate mit kochendem Wasser überbrühen, kurz ziehen lassen, kalt abschrecken, häuten und halbieren. Die Tomatenhälften vom grünen Stielansatz und von den Kernen befreien und in kleine Würfel schneiden.

3. Die Petersilie waschen, trockenschwenken und fein hacken. Die Zwiebel und die Knoblauchzehe ebenfalls fein hacken.

4. Das Olivenöl in einer Pfanne erhitzen. Die Zwiebel- und die Knoblauchstückchen darin glasig braten, danach auskühlen lassen.

5. Alle zerkleinerten Zutaten in einer Schüssel gut vermengen. Die Eier schälen, die Eiweiße abtrennen, fein hacken und hinzufügen. Die Eigelbe durch ein Sieb dazustreichen.

6. Den Ei-Oliven-Aufstrich mit Salz und Pfeffer pikant abschmekken. Er paßt gut zu frischem Schwarzbrot oder dunklen Knäkkebrotsorten.

Italienische Petersilienpaste

Zutaten für 4 Personen:
100 g Pinienkerne
2 Bund Petersilie
2 Knoblauchzehen
3 Eßl. Parmesan, frisch gerieben
2–4 Eßl. kaltgepreßtes Olivenöl
1 Eßl. Zitronensaft
Salz
weißer Pfeffer, frisch gemahlen

Gelingt leicht

Pro Portion etwa :
1400 kJ / 330 kcal
8 g Eiweiß · 30 g Fett
8 g Kohlenhydrate

- Dauert insgesamt etwa 30 Minuten

1. Die Pinienkerne in einer trockenen Pfanne bei mittlerer Hitze rösten, bis sie goldgelb sind. Dann auskühlen lassen und fein mahlen.

2. Die Petersilie waschen, trockenschwenken, von den groben Stielen befreien und fein hacken. Die Knoblauchzehen ebenfalls fein hacken.

3. Die gemahlenen Pinienkerne, die zerkleinerte Petersilie, die gehackten Knoblauchzehen und den Parmesan nach und nach in einem Mörser zerstoßen oder unter Zugabe von etwas Olivenöl portionsweise im Mixer zu einer glatten Paste verarbeiten.

4. So viel von dem Olivenöl unterrühren, daß die Petersilienpaste gut streichfähig wird.

5. Den Aufstrich mit dem Zitronensaft, Salz und Pfeffer pikant abschmecken. Im Kühlschrank in einem verschlossenen Gefäß aufbewahrt, ist die Petersilienpaste bis zu 2 Wochen haltbar. Sie paßt gut zu Stangenweißbrot oder Toastbrot.

Variante:
Anstelle der Petersilie können Sie auch etwa 1 Bund frisches Basilikum verwenden.

Im Bild vorne: Ei-Oliven-Aufstrich aus Spanien
Im Bild hinten: Italienische Petersilienpaste

Hühnerleber-creme aus der Toskana

Eine preiswerte, typisch italienische Spezialität. »Crostini« heißen die kleinen, knusprig gerösteten Weißbrotscheiben, auf denen die raffinierte Hühnerlebermischung besonders gut zur Geltung kommt.
Die Hühnerlebern werden in der Toskana auch gerne durch Steinpilze ersetzt. Ich nehme lieber Champignons, da sie keine Schwermetalle speichern und das ganze Jahr über Saison haben. Sie brauchen dazu etwa 350 g Champignons.

Zutaten für 4 Personen:
250 g Hühnerlebern
1 kleine Zwiebel (etwa 50 g)
1 kleine Stange Staudensellerie
2 Eßl. kaltgepreßtes Olivenöl
3 Eßl. trockener Weißwein
1 Eßl. Kapern
2 Sardellenfilets (aus der Dose oder dem Glas)
4 Eßl. Fleischbrühe, frisch gekocht oder aus Würfeln
Salz
schwarzer Pfeffer, frisch gemahlen

Raffiniert • Für Gäste

Pro Portion etwa:
830 kJ / 200 kcal
15 g Eiweiß · 14 g Fett
3 g Kohlenhydrate

• Dauert insgesamt etwa 40 Minuten

1. Die Hühnerlebern waschen, trockentupfen, von den Häuten und Sehnen befreien und in sehr kleine Stücke schneiden.

2. Die Zwiebel fein hacken. Die Selleriestange putzen, gründlich waschen, trockenschwenken und ebenfalls fein hacken.

3. Das Olivenöl in einer Pfanne erhitzen. Die Zwiebel- und die Selleriestücke darin bei mittlerer Hitze etwa 5 Minuten anbraten.

4. Die zerkleinerten Hühnerlebern hinzufügen und bei mittlerer Hitze unter ständigem Rühren in etwa 3 Minuten durchbraten.

5. Den Weißwein dazugießen und alles unter Rühren etwa 5 Minuten kochen lassen, bis die Flüssigkeit verdampft ist.

6. Die Kapern und die Sardellenfilets fein hacken und hinzufügen.

7. Die Fleischbrühe dazugießen und die Masse bei schwacher Hitze noch etwa 10 Minuten köcheln lassen, bis eine streichfähige Paste entstanden ist.

8. Die Hühnerlebercreme mit Salz und Pfeffer abschmecken, dann entweder warm oder kalt servieren. Sie paßt gut zu gerösteten Stangenweißbrotscheiben oder Toastbrot.

Varianten:
Anstelle der Hühnerlebern können Sie auch Rindermilz oder Hühnerlebern und Rindermilz gemischt verwenden. Die Milz waschen, trockentupfen, auf einem Brett mit einem scharfen Messer aus der Haut schaben und wie im vorangegangenen Rezept beschrieben weiterverarbeiten.

Eingehacktes aus Polen

Zutaten für 4 Personen:
200 g mehligfestkochende Kartoffeln
Salz
2 Eier
2 Zwiebeln (etwa 200 g)
2 Eßl. Sonnenblumenöl
1 Bund Petersilie
2 Eßl. saure Sahne
weißer Pfeffer, frisch gemahlen
Zum Garnieren:
1 Bund Schnittlauch

Preiswert

Pro Portion etwa:
800 kJ / 190 kcal
6 g Eiweiß · 13 g Fett
12 g Kohlenhydrate

• Dauert insgesamt etwa 50 Minuten

1. Die Kartoffeln waschen und ungeschält in leicht gesalzenem Wasser in etwa 25 Minuten weich kochen. Die Eier in 10 Minuten hart kochen. Mit kaltem Wasser abschrecken.

2. Die Zwiebeln fein hacken. Das Sonnenblumenöl in einer Pfanne erhitzen und die Zwiebelwürfel darin glasig braten, dann auskühlen lassen.

3. Die Petersilie waschen, trockenschwenken, von den groben Stielen befreien und fein hacken. Den Schnittlauch waschen, trockenschwenken, in feine Röllchen schneiden und zum Garnieren beiseite legen.

4. Die Eier schälen, die Eiweiße abtrennen und fein hacken.

5. Die gekochten Kartoffeln abgießen, abkühlen lassen, schälen und durch die Presse in eine Schüssel drücken.

6. Die Zwiebelstückchen, die Petersilie, die saure Sahne und die Eiweiße zu den Kartoffeln geben. Die Eigelbe durch ein Sieb dazustreichen.

7. Den Aufstrich mit Salz und Pfeffer pikant abschmecken und mit den Schnittlauchröllchen bestreut servieren. Er paßt gut zu dunklen Brotsorten.

Polnischer Leberaufstrich

Zutaten für 4 Personen:
300 g Kalbsleber
1 kleine Zwiebel (etwa 50 g)
50 g durchwachsener Räucherspeck
1 Teel. getrockneter, zerriebener Majoran
50 g weiche Butter
schwarzer Pfeffer, frisch gemahlen
Salz
Zum Garnieren:
1 kleine Salzgurke

Raffiniert

Pro Portion etwa:
1200 kJ / 290 kcal
16 g Eiweiß · 22 g Fett
4 g Kohlenhydrate

• Dauert insgesamt etwa 40 Minuten

1. Die Leber kalt abspülen, von den Häuten und Sehnen befreien und in kleine Würfel schneiden. Die Salzgurke für die Garnierung in feine Scheiben schneiden und beiseite legen. Die Zwiebel fein hacken.

2. Den Speck ohne Schwarte und Knorpel in kleine Würfel schneiden und in einer Pfanne bei mittlerer Hitze ausbraten. Die Zwiebel dazugeben und glasig braten. Die Leber und den Majoran hinzufügen und 3–5 Minuten unter Rühren mitbraten lassen, bis die Leber ihre rötliche Farbe verliert.

3. Die Pfanne vom Herd nehmen und die Lebermasse auskühlen lassen, dann im Mixer pürieren. Die Butter unterrühren und den Aufstrich mit Pfeffer und Salz pikant würzen.

4. Den Leberaufstrich mit den Salzgurkenscheiben garniert servieren. Er paßt gut zu Roggenbrot oder Toastbrot.

Tip!

Leber wird heller und zarter, wenn Sie sie vor dem Zubereiten etwa 1 Stunde in Milch legen. Mit der Milch können Sie danach vielleicht eine Katze in Ihrer Umgebung erfreuen.

Im Bild oben: Polnischer Leberaufstrich
Im Bild unten: Eingehacktes aus Polen

Sardellencreme aus der Provence

Zutaten für 4 Personen:
3 Sardellenfilets (aus der Dose oder dem Glas)
50 g schwarze Oliven
150 g Thunfisch (aus der Dose, in Öl ohne Gemüse eingelegt)
2 Eßl. Kapern
1 Knoblauchzehe
2-3 Eßl. kaltgepreßtes Olivenöl
schwarzer Pfeffer, frisch gemahlen
Zum Garnieren:
1 kleine Tomate (etwa 60 g)
1/2 Bund krause Petersilie

Schnell • Für Gäste

Pro Portion etwa:
1100 kJ / 260 kcal
12 g Eiweiß · 22 g Fett
2 g Kohlenhydrate

• Dauert insgesamt etwa 20 Minuten

1. Die Sardellenfilets kalt abspülen und trockentupfen. Die Oliven entsteinen. Den Thunfisch und die Kapern abtropfen lassen.

2. Alle diese Zutaten mit der Knoblauchzehe fein hacken. Dann nach und nach im Mörser zerstoßen oder unter Zugabe von etwas Olivenöl portionsweise im Mixer pürieren. So viel von dem Öl unterrühren, daß die Creme gut streichfähig wird.

3. Den Aufstrich mit Pfeffer pikant abschmecken. Die Tomate waschen und in dünne Scheiben schneiden. Die Petersilie waschen, trockenschwenken und in kleine Sträußchen teilen.

4. Die Sardellencreme mit den Tomatenscheiben und den Petersiliensträußchen garniert servieren. Ohne Garnierung läßt sich die Creme im Kühlschrank bis zu 2 Tage aufbewahren. Sie paßt gut zu Baguette.

Fischaufstrich aus Portugal

Das Originalrezept schreibt gewässerten Stockfisch vor. Bei uns ist Stockfisch (getrockneter Kabeljau) nur schwer erhältlich. Doch mit frischem Kabeljau schmeckt der Aufstrich ohnehin viel besser.

Zutaten für 4 Personen:
250 g Kabeljaufilets
etwa 1/4 l Fischsud (ersatzweise 1/4 l Wasser mit 2 Eßl. Weißweinessig, 5 schwarzen Pfefferkörnern und 2 Lorbeerblättern)
1 Bund Dill
1 Eßl. Zitronensaft
2 Eßl. Crème fraîche
1 Prise Cayennepfeffer
Salz
weißer Pfeffer, frisch gemahlen
1/2 Teel. edelsüßes Paprikapulver

Raffiniert

Pro Portion etwa:
400 kJ / 95 kcal
11 g Eiweiß · 5 g Fett
1 g Kohlenhydrate

• Dauert insgesamt etwa 30 Minuten

1. Die Kabeljaufilets kalt abspülen und gegebenenfalls mit einer Pinzette von den Gräten befreien.

2. Den Fischsud oder das Wasser mit den Gewürzen in einem kleinen Topf zum Kochen bringen. Den Kabeljau hineingeben und bei schwacher Hitze etwa 5 Minuten kochen, bis er bei Berührung mit einer Gabel blättrig zerfällt. Die Fischfilets aus dem Fischsud nehmen, abtropfen und abkühlen lassen.

3. Den Dill waschen, trockenschwenken und von groben Stielen befreien. Etwa zwei Drittel des Dills fein hacken, die restlichen Sträußchen zum Garnieren beiseite legen.

4. Die Kabeljaufilets im Mixer pürieren oder ganz fein hacken. Dann in einer Schüssel mit dem Zitronensaft, dem Dill und der Crème fraîche verrühren. Den Aufstrich mit dem Cayennepfeffer, Salz und Pfeffer pikant abschmecken.

5. Den Fischaufstrich mit dem Paprikapulver bestäubt und mit den restlichen Dillsträußchen garniert servieren. Er paßt gut zu Toastbrot oder Weißbrot.

Im Bild vorne: Sardellencreme aus der Provence
Im Bild hinten: Fischaufstrich aus Portugal

Französische Kaninchencreme

Dem feinen Kaninchenfleisch muß man Fett hinzufügen, da das Tier von Natur aus mager ist. Den Aufstrich, den Sie nicht gleich essen, können Sie in Gläschen oder Steinguttöpfchen abfüllen, mit Pergamentpapier oder Frischhaltefolie verschließen und bis zu 2 Wochen im Kühlschrank aufbewahren. Den Aufstrich etwa 1 Stunde vor dem Servieren herausnehmen.

Zutaten für 20 Personen:
1 junges küchenfertiges Kaninchen (etwa 1200 g)
1 kg frischer fetter Schweinebauch ohne Schwarte und Knorpel
1 Lorbeerblatt
2 Gewürznelken
1/2 l trockener Weißwein, ersatzweise Wasser
1 große Zwiebel (etwa 160 g)
4 Knoblauchzehen
1 Zweig frischer Thymian, ersatzweise 1/2 Teel. getrockneter Thymian
1 kleine Petersilienwurzel (etwa 70 g)
1 Möhre (etwa 80 g)
Salz
schwarzer Pfeffer, frisch gemahlen
Zum Garnieren:
4 kleine Gewürzgurken

Braucht etwas Zeit

Pro Portion etwa:
1100 kJ / 260 kcal
15 g Eiweiß · 21 g Fett
2 g Kohlenhydrate

- Dauert insgesamt etwa 3 1/2 Stunden

1. Das Kaninchen in 10 Stücke zerlegen und kalt abspülen. Das Schweinefleisch kalt abspülen und in große Würfel schneiden.

2. Das Kaninchen und das Schweinefleisch mit dem Lorbeerblatt und den Gewürznelken in einen großen schweren Topf mit dickem Boden geben. Den Weißwein und so viel Wasser dazugießen, daß das Fleisch gut bedeckt ist. Langsam zum Kochen bringen.

3. Die Zwiebel und den Knoblauch grob zerkleinern und hinzufügen. Den Thymianzweig waschen. Die Petersilienwurzel und die Möhre putzen, waschen und dünn schälen. Den Thymian, die Petersilienwurzel und die Möhre zum Fleisch geben. Mit Salz und Pfeffer kräftig würzen.

4. Das Fleisch bei schwacher Hitze zugedeckt unter gelegentlichem Umrühren etwa 3 Stunden köcheln lassen, bis es ganz weich ist und faserig zerfällt. Dann vom Herd nehmen und etwas abkühlen lassen.

5. Das Kaninchenfleisch von den Knochen lösen und mit zwei Gabeln fein zerpflücken. Das Schweinefleisch durch den Fleischwolf drehen.

6. Die Fleischbrühe durch ein großes Sieb in eine Schüssel gießen. Die Gewürze und das Gemüse leicht ausdrücken, dann wegwerfen.

7. Das Kaninchen und Schweinefleisch mit der Fleischbrühe mischen, mit Pfeffer und Salz pikant abschmecken und auskühlen lassen. Dabei gelegentlich umrühren und das aufsteigende Fett untermengen.

8. Die Gewürzgurken mehrmals der Länge nach einschneiden und zu Fächern auseinanderziehen. Die Kaninchencreme mit den Gurkenfächern garniert servieren. Sie paßt gut zu kräftigem Landbrot. Dazu schmeckt ein trockener Weißwein.

Tip!

Das Fleisch wird restlos durch den Fleischwolf gedrückt, wenn Sie nach dem Fleisch ein Stück Pergamentpapier durchdrehen. Es bleibt vor der Lochscheibe und läßt sich leicht von der Welle entfernen.

In Frankreich haben Sie eine ähnliche Creme vielleicht schon einmal als pikante Vorspeise serviert bekommen. Kein Grund, hierzulande auf die köstliche Kaninchencreme zu verzichten. Ihre Zubereitung benötigt zwar etwas Zeit, doch die Mühe lohnt sich.

Griechische Schafkäse-creme

Zutaten für 4 Personen:
50 g weiche Butter
200 g griechischer Schafkäse (Feta)
80 g schwarze Oliven
1 frische rote Pfefferschote
1 kleiner Zweig frischer Thymian
1 kleiner Zweig frischer Rosmarin
1 Knoblauchzehe
2 Eßl. Sahne

Schnell

Pro Portion etwa:
1300 kJ / 310 kcal
8 g Eiweiß · 30 g Fett
2 g Kohlenhydrate

- Dauert insgesamt etwa 20 Minuten

1. Die Butter in einer Schüssel schaumig rühren. Den Schafkäse durch ein Sieb dazustreichen. Die Oliven abtropfen lassen und entsteinen. Etwa zwei Drittel der Oliven fein hacken, den Rest halbieren und zum Garnieren beiseite legen.

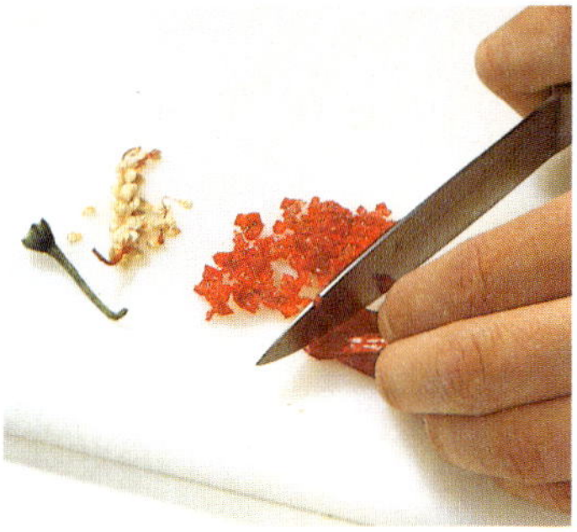

2. Die Pfefferschote längs halbieren, vom Stielansatz und von den Kernen befreien. Die Schotenhälften waschen, in sehr kleine Würfel schneiden und unter die Käsecreme rühren.

3. Den Thymian und den Rosmarin waschen und trockenschwenken. Die Blättchen beziehungsweise Nadeln von den Stielen zupfen, fein hacken und hinzufügen. Die Knoblauchzehe durch die Presse dazudrücken.

4. Die Sahne steif schlagen und unterziehen. Die Schafkäsecreme mit den Olivenhälften garniert servieren. Sie paßt gut zu Vollkornbrot oder Knäckebrot.

Englischer Orangenaufstrich

Ein süßer Aufstrich, der sich gut vorbereiten läßt.

Zutaten für 10 Personen:
2 mittelgroße unbehandelte Orangen
3 Eier
80 g Butter
120 g Zucker

Preiswert

Pro Portion etwa:
580 kJ / 140 kcal
2 g Eiweiß · 9 g Fett
13 g Kohlenhydrate

- Dauert insgesamt etwa 30 Minuten

1. Die Orangen gründlich mit heißem Wasser waschen, trockentupfen und die Schale abreiben. Die Orangen auspressen.

2. Die Eier in einem Topf verquirlen. Die Butter, den Zucker, den Orangensaft und die Orangenschale dazurühren. Den Topf auf den Herd in einen größeren Topf mit kochendem Wasser stellen.

3. Die Orangenmasse etwa 15 Minuten im Wasserbad rühren, bis sie dickflüssig geworden ist. Den Aufstrich etwas abkühlen lassen, dann durch ein Sieb streichen.

4. Den Orangenaufstrich ausgekühlt servieren. Im Kühlschrank ist der Aufstrich bis zu 1 Woche haltbar. Er paßt gut zu gebuttertem Toastbrot oder frischen Brötchen.

Variante:
Statt der 2 Orangen können Sie auch 3 unbehandelte Zitronen verwenden. Den Aufstrich wie im Rezept beschrieben zubereiten.

Tip!

Legen Sie vor dem Abreiben von Zitrusschalen ein Stück Pergamentpapier auf die Reibe. Sie können die Orangen- oder Zitronenschalenraspeln danach leicht vom Papier klopfen und die Reibe bleibt sauber.

Italienischer Ricotta-Aufstrich

Zutaten für 4 Personen:
50 g Pinienkerne
1 kleiner Zweig frischer Thymian
1 kleiner Zweig frischer Rosmarin
100 g Gorgonzola
200 g Ricotta (italienischer Frischkäse), ersatzweise Magerquark
2 Eßl. saure Sahne
1 Knoblauchzehe
Salz
weißer Pfeffer, frisch gemahlen

Raffiniert • Schnell

Pro Portion etwa:
1200 kJ / 290 kcal
12 g Eiweiß · 24 g Fett
3 g Kohlenhydrate

- Dauert insgesamt etwa 15 Minuten

1. Die Pinienkerne fein hacken und in einer trockenen Pfanne bei mittlerer Hitze rösten, bis sie goldgelb sind. Die Kerne auf einem Teller auskühlen lassen, da sie sonst in der heißen Pfanne noch nachbräunen.

2. Den Thymian und den Rosmarin waschen und trockenschwenken. Die Blättchen beziehungsweise die Nadeln von den Stielen zupfen, fein hacken.

3. Den Gorgonzola in einer Schüssel mit einer Gabel zerdrücken. Den Ricotta und die saure Sahne unterrühren. Die ausgekühlten Pinienkerne und die gehackten Kräuter hinzufügen. Die Knoblauchzehe durch die Presse dazudrücken.

4. Alle Zutaten gut vermengen. Den Ricotta-Aufstrich mit Salz und Pfeffer pikant abschmecken. Er paßt gut zu Stangenweißbrot.

Thunfischmousse aus Italien

Zutaten für 4 Personen:
2 Blatt farblose Gelatine
150 g Thunfisch (aus der Dose, in Öl ohne Gemüse eingelegt)
1 Eßl. Crème fraîche
1 Eßl. Zitronensaft
einige Tropfen Worcestersauce
1 Prise Cayennepfeffer
Salz
100 g Sahne
4 Eßl. Fischsud, ersatzweise Gemüsebrühe
Für die Form:
1 Teel. geschmacksneutrales Öl

Raffiniert • Für Gäste

Pro Portion etwa:
920 kJ / 220 kcal
10 g Eiweiß · 20 g Fett
1 g Kohlenhydrate

- Dauert insgesamt etwa 5 1/2 Stunden
- Kühlzeit: etwa 5 Stunden

1. Die Gelatine in kaltem Wasser 5 Minuten einweichen. Den Thunfisch abtropfen lassen und mit der Crème fraîche im Mixer oder mit dem Pürierstab glatt pürieren.

2. Das Thunfischpüree mit dem Zitronensaft, der Worcestersauce, dem Cayennepfeffer und etwas Salz kräftig würzen.

3. Die Sahne halbsteif schlagen. Die Gelatine ausdrücken. Den Fischsud erhitzen und die Gelatine darin auflösen. Dann gründlich unter die Thunfischmousse ziehen.

4. Wenn die Masse zu gelieren beginnt, die geschlagene Sahne vorsichtig unterheben.

5. Eine geeignete Form, am besten eine aus Blech, mit dem Öl ausstreichen. Die Thunfischmousse einfüllen, glattstreichen, mit Frischhaltefolie bedecken und mindestens 5 Stunden in den Kühlschrank stellen.

6. Die Thunfischmousse stürzen und servieren. Im Kühlschrank ist sie bis zu 2 Tage haltbar. Die Mousse paßt gut zu Stangenweißbrot oder Toastbrot.

Variante:
In Griechenland bereitet man eine ähnliche Mousse aus Tarama (Meeräschenrogen). Die feine Mousse schmeckt außerdem auch mit Keta-Kaviar (Lachskaviar).

Im Bild vorne: Thunfischmousse aus Italien
Im Bild hinten: Italienischer Ricotta-Aufstrich

Lachsaufstrich aus Kanada

Zutaten für 4 Personen:
300 g rohes Lachsfilet
1 kleine Zwiebel (etwa 50 g)
1/2 Bund Petersilie
1 Bund Dill
1/2 Bund Schnittlauch
1 Eßl. Maiskeimöl
1 Eßl. Zitronensaft
2 Eßl. Crème fraîche
Salz
schwarzer Pfeffer, frisch gemahlen

Schnell • Für Gäste

Pro Portion etwa:
1100 kJ / 260 kcal
16 g Eiweiß · 20 g Fett
2 g Kohlenhydrate

- Dauert insgesamt etwa 20 Minuten

1. Das Lachsfilet kalt abspülen und mit Küchenpapier trockentupfen. Eventuell vorhandene Gräten mit einer Pinzette entfernen. Das Lachsfilet erst in dünne Scheiben, dann in feine Streifen schneiden. Die Lachsstreifen in sehr kleine Würfel schneiden.

2. Die Zwiebel fein hacken. Die Petersilie, den Dill und den Schnittlauch gründlich waschen und trockenschwenken. Die Petersilie und etwa die Hälfte des Dills von den groben Stielen befreien und fein hacken. Den Schnittlauch in feine Röllchen schneiden.

3. Die Lachswürfel in eine Schüssel geben. Das Maiskeimöl, den Zitronensaft und die Crème fraîche hinzufügen. Die Zwiebelwürfel und die zerkleinerten Kräuter unterrühren.

4. Den Lachsaufstrich mit Salz und Pfeffer pikant abschmecken und mit den restlichen Dillsträußchen garnieren. Er paßt gut zu Schwarzbrot oder Vollkornbrot.

Karibische Bohnenpaste

Zutaten für 4 Personen:
250 g getrocknete rote Bohnenkerne
1 l Wasser
1 Zwiebel (etwa 100 g)
1 Knoblauchzehe
2 Eßl. Maiskeimöl
1 frische rote Pfefferschote
1 Eßl. Zitronensaft
Salz
schwarzer Pfeffer, frisch gemahlen
Zum Bestreuen:
1/2 Bund Petersilie

Braucht etwas Zeit

Pro Portion etwa:
1200 kJ / 290 kcal
14 g Eiweiß · 11 g Fett
32 g Kohlenhydrate

- Dauert insgesamt etwa 10 Stunden
- Quellzeit: etwa 8 Stunden

1. Die Bohnen in einem Sieb kalt abbrausen. Dann in dem Wasser zugedeckt etwa 8 Stunden, am besten über Nacht, quellen lassen. Die Bohnen dann in dem Einweichwasser zugedeckt bei mittlerer Hitze in etwa 1 1/2 Stunden weich kochen. Die Petersilie für die Garnierung waschen, trockenschwenken, von den groben Stielen befreien und fein hacken.

2. Die Zwiebel und die Knoblauchzehe fein hacken. Das Maiskeimöl in einer Pfanne erhitzen, die Zwiebel- und die Knoblauchstückchen darin glasig braten, danach auskühlen lassen. Die Pfefferschote längs halbieren und vom Stielansatz und von den Kernen befreien. Die Schotenhälften waschen und fein hacken.

3. Die gekochten Bohnen abgießen, durch ein Sieb streichen oder portionsweise im Mixer pürieren, dann auskühlen lassen. Das Bohnenpüree mit den Zwiebel- und Knoblauchstückchen sowie den Pfefferschotenwürfeln vermengen.

4. Die Bohnenpaste mit dem Zitronensaft, Salz und Pfeffer pikant abschmecken und mit der Petersilie bestreut servieren. Im Kühlschrank hält sich die Paste bis zu 3 Tage. Sie paßt gut zu Fladenbrot oder Weißbrot.

Im Bild oben: Lachsaufstrich aus Kanada
Im Bild unten: Karibische Bohnenpaste

Türkischer Tataraufstrich

Für dieses Rezept muß das Lammfleisch frisch sein. Wenn Sie den Geschmack von Lammfleisch nicht mögen, nehmen Sie Rinderhackfleisch.

Zutaten für 4 Personen:
80 g Bulgur
250 g mageres Lammfleisch (Keule)
1 kleine Zwiebel (etwa 50 g)
1 Bund Petersilie
einige Blätter frische Minze
eventuell 1-2 Eßl. kaltgepreßtes Olivenöl
1/2 Teel. gemahlener Kreuzkümmel
1 kräftige Prise Cayennepfeffer
Salz
schwarzer Pfeffer, frisch gemahlen

Raffiniert

Pro Portion etwa:
1200 kJ / 290 kcal
14 g Eiweiß · 19 g Fett
16 g Kohlenhydrate

• Dauert insgesamt etwa 45 Minuten

1. Den Bulgur mit gut 1/4 l Wasser in einem kleinen Topf zum Kochen bringen und bei sehr schwacher Hitze zugedeckt in etwa 20 Minuten ausquellen lassen. Dann auskühlen lassen.

2. Das Lammfleisch waschen, trockentupfen und zweimal durch die feine Scheibe des Fleischwolfes drehen.

3. Die Zwiebel fein hacken. Die Petersilie und die Minzeblätter waschen, trockenschwenken und ebenfalls fein hacken.

4. Den ausgekühlten Bulgur gut ausdrücken und in einer Schüssel mit dem durchgedrehten Lammfleisch und der Zwiebel etwa 10 Minuten lang mit den Händen kräftig durchkneten. Eventuell das Olivenöl hinzufügen, damit eine gut streichfähige Masse entsteht.

5. Die Kräuter, den Kreuzkümmel und den Cayennepfeffer hinzufügen. Den Tataraufstrich mit Salz und Pfeffer pikant abschmecken und sofort servieren. Er paßt gut zu Fladenbrot oder Weißbrot.

Indische Erdnußpaste

Zutaten für 4 Personen:
200 g Erdnüsse
1 Eßl. Erdnußöl
100 g Joghurt
1 kleine Zwiebel (etwa 50 g)
2 Knoblauchzehen
1 Teel. gemahlener Koriander
1/2 Teel. gemahlener Kreuzkümmel
abgeriebene Schale von 1/2 unbehandelten Zitrone
Salz
schwarzer Pfeffer, frisch gemahlen
1 Bund Schnittlauch

Raffiniert

Pro Portion etwa:
1500 kJ / 360 kcal
15 g Eiweiß · 30 g Fett
7 g Kohlenhydrate

• Dauert insgesamt etwa 30 Minuten

1. Die Erdnüsse aus den Schalen lösen, von den braunen Häuten befreien und in einer trockenen Pfanne bei mittlerer Hitze rösten, bis sie goldgelb sind. Die Nüsse auf einem Teller auskühlen lassen.

2. Die Erdnüsse fein mahlen, dann nach und nach im Mörser zerstoßen oder portionsweise im Mixer zu einer cremigen Paste verarbeiten. Die Erdnußcreme in einer Schüssel mit dem Erdnußöl und dem Joghurt verrühren.

3. Die Zwiebel fein hacken und unterrühren. Die Knoblauchzehen durch die Presse dazudrücken. Den Aufstrich mit dem Koriander, dem Kreuzkümmel und der Zitronenschale würzen und mit Salz und Pfeffer pikant abschmecken.

4. Den Schnittlauch waschen, trockenschwenken und in feine Röllchen schneiden. Die Erdnußpaste mit den Schnittlauchröllchen bestreut servieren. Die Paste hält sich – je nach Frische des Joghurts – bis zu 3 Tage im Kühlschrank. Vor dem Servieren noch einmal durchrühren. Sie paßt gut zu Vollkornbrot.

Im Bild vorne: Türkischer Tataraufstrich
Im Bild hinten: Indische Erdnußpaste

Avocadoaufstrich aus Mexiko

Guacamole heißt der pikante Aufstrich in seiner Heimat. Der Name stammt aus der Sprache der Nahua, einem Indianervolk im Hochland von Mexiko. Er ist eine Zusammenziehung von Ahuacatl (Avocado) und Molli (Mischung).

Zutaten für 4 Personen:
1 vollreife Tomate (etwa 120 g)
1 frische grüne Pfefferschote
1 kleine Zwiebel (etwa 50 g)
1 Knoblauchzehe
2 Eßl. Maiskeimöl
1 Bund Petersilie
2 reife Avocados
1 Eßl. Zitronensaft
Salz
schwarzer Pfeffer, frisch gemahlen

Gelingt leicht

Pro Portion etwa:
1400 kJ / 330 kcal
3 g Eiweiß · 34 g Fett
4 g Kohlenhydrate

- Dauert insgesamt etwa 30 Minuten

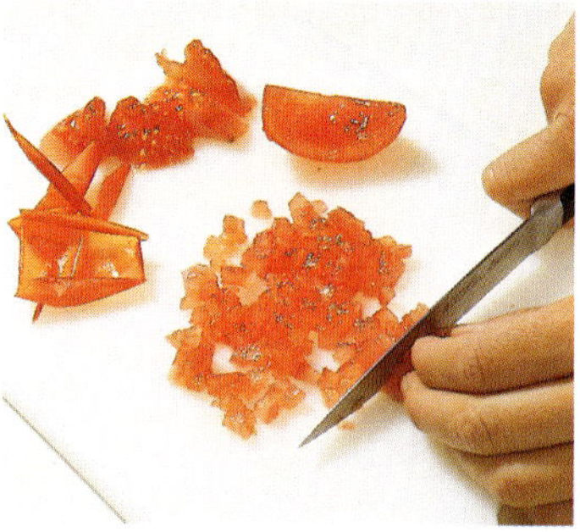

1. Die Tomate mit kochendem Wasser überbrühen, kurz darin ziehen lassen, kalt abschrecken, häuten und halbieren. Die Tomatenhälften vom Stielansatz und von den Kernen befreien und in sehr kleine Würfel schneiden.

2. Die Pfefferschote längs halbieren, vom Stielansatz und von den Kernen befreien, waschen und in kleine Würfel schneiden.

3. Die Zwiebel und die Knoblauchzehe fein hacken.

4. Das Maiskeimöl in einer Pfanne erhitzen, die Zwiebel- und die Knoblauchstückchen glasig braten. Dann auskühlen lassen.

5. Die Petersilie waschen, trockenschwenken, von den groben Stielen befreien und fein hacken.

6. Die Avocados halbieren und von den Steinen befreien. Das Fruchtfleisch aus den Schalen lösen, mit einer Gabel fein zerdrücken und mit dem Zitronensaft beträufeln.

7. Das Avocadomus in einer Schüssel mit den Tomaten- und Pfefferschotenwürfeln vermengen. Die gebratenen Zwiebel- und Knoblauchstückchen sowie die gehackte Petersilie hinzufügen.

8. Den Avocadoaufstrich mit Salz und Pfeffer pikant abschmecken und sofort servieren. Er paßt gut zu Toastbrot oder Baguette.

Variante:
Der Avocadoaufstrich schmeckt auch mit Kräutern und Frischkäse sehr gut. In diesem Fall die Tomate und die Pfefferschote weglassen.

Tip!

Es gibt zahlreiche Vorschläge, wie man das Verfärben der Avocados verhindern kann, wie beispielsweise durch Beträufeln mit Zitronensaft, Abdecken mit Frischhaltefolie oder Steine bis zum Anrichten im Aufstrich lassen. Sie haben sich alle nicht bewährt. Meiner Meinung nach gibt es nur zwei Möglichkeiten: Entweder Sie bereiten den Aufstrich erst unmittelbar vor dem Servieren zu, oder Sie lassen sich von der Graufärbung nicht stören.

Marokkanische Sardinencreme

Zutaten für 4 Personen:
180 g Ölsardinen ohne Haut und Gräten (aus der Dose)
50 g weiche Butter
1 kleine Zwiebel (etwa 50 g)
1 Knoblauchzehe
1 Teel. Zitronensaft
abgeriebene Schale von 1/4 unbehandelten Zitrone
1 Prise Cayennepfeffer
schwarzer Pfeffer, frisch gemahlen
Zum Garnieren:
1 kleine Tomate (etwa 60 g)
1 Bund krause Petersilie

Schnell

Pro Portion etwa:
1000 kJ / 240 kcal
10 g Eiweiß · 21 g Fett
2 g Kohlenhydrate

- Dauert insgesamt etwa 15 Minuten

1. Die Sardinen abtropfen lassen, mit einer Gabel fein zerpflücken. Die Butter unterrühren.

2. Die Zwiebel fein hacken und hinzufügen. Die Knoblauchzehe durch die Presse dazudrücken.

3. Den Aufstrich mit dem Zitronensaft, der Zitronenschale, dem Cayennepfeffer und etwas Pfeffer pikant würzen.

4. Die Tomate waschen, abtrocknen und in dünne Scheiben schneiden. Die Petersilie waschen, trockenschwenken und in kleine Sträußchen teilen.

5. Die Sardinencreme mit den Tomatenscheiben und den Petersiliensträußchen garniert servieren. Ohne Garnierung hält sich die Sardinencreme in einem verschlossenen Gefäß im Kühlschrank bis zu 2 Tage. Sie paßt gut zu Toast- oder Roggenbrot.

Ägyptische Linsenpaste

Zutaten für 4 Personen:
250 g Linsen
2 Gewürznelken
1 Zweig frischer Thymian
1 kleine Zwiebel (etwa 50 g)
1 Knoblauchzehe
2 Eßl. kaltgepreßtes Olivenöl
1 Eßl. Zitronensaft
1/2 Teel. gemahlener Piment
Salz
Zum Bestreuen:
1 Bund Petersilie

Braucht etwas Zeit

Pro Portion etwa:
1200 kJ / 290 kcal
15 g Eiweiß · 11 g Fett
34 g Kohlenhydrate

- Dauert insgesamt etwa 1 1/2 Stunden

1. Die Linsen waschen und mit den Gewürznelken und etwa 1 l Wasser in einen Topf geben. Den Thymianzweig waschen und hinzufügen. Das Wasser zum Kochen bringen, und die Linsen bei mittlerer Hitze zugedeckt in etwa 1 Stunde weich kochen.

2. Die Linsen abgießen, die Gewürznelken und den Thymianzweig entfernen. Die Linsen heiß durch ein Sieb streichen oder im Mixer pürieren. Das Linsenpüree auskühlen lassen.

3. Die Zwiebel und die Knoblauchzehe fein hacken. Das Olivenöl in einer Pfanne erhitzen, die Zwiebel- und Knoblauchwürfel darin glasig braten, danach auskühlen lassen.

4. Das ausgekühlte Linsenpüree in einer Schüssel mit den Zwiebel- und Knoblauchstückchen vermengen. Den Aufstrich mit dem Zitronensaft, dem Pimentpulver und etwas Salz pikant würzen.

5. Die Petersilie waschen, trockenschwenken, von den groben Stielen befreien und fein hacken. Die Linsenpaste mit der gehackten Petersilie bestreut servieren. Kühl aufbewahrt hält sie sich bis zu 3 Tage. Die Paste paßt gut zu gebuttertem Vollkornbrot.

Im Bild vorne: Marokkanische Sardinencreme
Im Bild hinten: Ägyptische Linsenpaste

Indianischer Markaufstrich

Die Pueblo-Indianer im Südwesten der USA essen diesen pikanten Aufstrich gerne warm auf selbstgebackenem Brot.

Zutaten für 4 Personen:
4 große Rindermarkknochen
1 kleine Zwiebel (etwa 50 g)
2 Knoblauchzehen
2 Eßl. Maiskeimöl
1 kräftige Prise Cayennepfeffer
Salz
schwarzer Pfeffer, frisch gemahlen
Zum Bestreuen:
1 Bund Petersilie

Preiswert

Pro Portion etwa:
1300 kJ / 310 kcal
41 g Eiweiß · 14 g Fett
4 g Kohlenhydrate

- Dauert insgesamt etwa 50 Minuten

1. Die Markknochen etwa 30 Minuten in eiskaltes Wasser legen. Die Petersilie für die Garnierung waschen, trockenschwenken, von den groben Stielen befreien und fein hacken. Die Zwiebel und die Knoblauchzehen ebenfalls fein hacken.

2. Das Rindermark aus den Knochen drücken und mit kaltem Wasser abspülen, dabei eventuell vorhandene Knochensplitter sorgfältig entfernen. Das Mark auf einem Teller mit einer Gabel gut zerdrücken.

3. Das Maiskeimöl in einer Pfanne erhitzen, die Zwiebel- und die Knoblauchstückchen darin glasig braten. Das Rindermark hinzufügen und bei mittlerer Hitze in etwa 5 Minuten unter Rühren durchbraten und danach auskühlen lassen.

4. Den Aufstrich mit dem Cayennepfeffer, etwas Salz und reichlich Pfeffer pikant würzen. Den ausgekühlten Markaufstrich mit der gehackten Petersilie bestreut servieren. Er paßt gut zu Fladenbrot oder Weißbrot.

Bohnencreme aus Peru

Zutaten für 4 Personen:
250 g Limabohnen oder andere getrocknete weiße Bohnen
1 1/2 l Wasser
1 Zweig frisches Bohnenkraut
1 Zweig frischer Thymian
1 Zwiebel (etwa 100 g)
1 Knoblauchzehe
2 Eßl. kaltgepreßtes Olivenöl
1/2 Teel. gemahlener Kreuzkümmel
1/2 Teel. gemahlener Koriander
1 Prise Cayennepfeffer
Salz
Zum Bestreuen:
2 Eßl. Petersilie, frisch gehackt

Braucht etwas Zeit

Pro Portion etwa:
1200 kJ / 290 kcal
14 g Eiweiß · 11 g Fett
32 g Kohlenhydrate

- Dauert insgesamt 9 1/2–13 1/2 Stunden
- Quellzeit: 8–12 Stunden

1. Die Bohnen waschen und 8–12 Stunden, am besten über Nacht, in dem Wasser zugedeckt quellen lassen. Danach die Bohnen in dem Einweichwasser mit dem Bohnenkraut und dem Thymianzweig bei mittlerer Hitze zugedeckt in etwa 1 Stunde weich kochen.

2. Die Bohnen abgießen, die Gewürzzweige entfernen. Die gekochten Bohnen noch heiß durch ein Sieb streichen oder portionsweise im Mixer pürieren, danach auskühlen lassen.

3. Die Zwiebel und die Knoblauchzehe fein hacken. Das Olivenöl in einer Pfanne erhitzen, die Zwiebel- und die Knoblauchstückchen darin glasig braten, dann auskühlen lassen.

4. Das Bohnenpüree in einer Schüssel mit den Zwiebel- und Knoblauchstückchen vermengen. Den Aufstrich mit dem Kreuzkümmel, dem Koriander, dem Cayennepfeffer und etwas Salz pikant würzen. Die Bohnencreme mit der gehackten Petersilie bestreut servieren. Kühl aufbewahrt hält sich die Creme bis zu 3 Tage. Sie paßt gut zu Vollkorntoastbrot oder Roggenbrot.

Im Bild vorne: Indianischer Markaufstrich
Im Bild hinten: Bohnencreme aus Peru

Kräuter-Nuß-Paste

Zutaten für 4 Personen:
80 g Mandeln
80 g Pinienkerne
1 Bund Petersilie
1 Bund Schnittlauch
1 Kästchen Kresse
Meersalz
schwarzer Pfeffer, frisch gemahlen

Raffiniert

Pro Portion etwa:
1100 kJ / 260 kcal
7 g Eiweiß · 23 g Fett
8 g Kohlenhydrate

• Dauert insgesamt etwa 25 Minuten

1. Die Mandeln mit kochendheißem Wasser überbrühen, kurz ziehen lassen, kalt abschrecken und aus den Schalen drücken. Die Mandeln und die Pinienkerne in einer trockenen Pfanne bei mittlerer Hitze goldgelb rösten. Dann auf einem Teller auskühlen lassen, da sie sonst in der heißen Pfanne noch nachbräunen.

2. Die Petersilie und den Schnittlauch waschen, trockenschwenken und grob zerkleinern. Die Kresse mit einer Küchenschere vom Beet schneiden, in einem Sieb kalt abspülen und trockenschwenken.

3. Die Mandeln und die Pinienkerne im Blitzhacker pürieren. Nach und nach die Kräuter hinzufügen.

4. Die Kräuter-Nuß-Paste mit Salz und frisch gemahlenem Pfeffer pikant abschmecken. Der Aufstrich hält sich im Kühlschrank in einem verschlossenen Schraubglas bis zu 2 Wochen. Er paßt gut zu gebuttertem Vollkorntoastbrot.

Brennessel-Frischkäse

Zutaten für 4 Personen:
100 g junge Brennesseln
200 g Doppelrahm-Frischkäse
2 Eßl. saure Sahne
1 Knoblauchzehe
1 Eßl. Zitronensaft
Meersalz
weißer Pfeffer, frisch gemahlen

Schnell

Pro Portion etwa:
840 kJ / 200 kcal
7 g Eiweiß · 17 g Fett
3 g Kohlenhydrate

• Dauert insgesamt etwa 15 Minuten

1. Die Brennesseln in einem großen Sieb kurz in kochendes Wasser tauchen. Dann kalt abschrecken, trockenschwenken, von den groben Stielen befreien und fein hacken.

2. Den Frischkäse in einer Schüssel mit der sauren Sahne verrühren. Die Knoblauchzehe durch die Presse dazudrücken. Die gehackten Brennesseln und den Zitronensaft unterrühren.

3. Den Brennessel-Frischkäse mit Meersalz und reichlich Pfeffer pikant abschmecken. Er paßt gut zu Vollkornbrot oder Roggenbrötchen.

Variante:
Statt mit Brennesseln können Sie diesen Aufstrich auch mit Bärlauch zubereiten. Sie brauchen etwa 30 g Bärlauchblätter. Bärlauch müssen Sie nur waschen und fein schneiden.

Im Bild vorne: Brennessel-Frischkäse
Im Bild hinten: Kräuter-Nuß-Paste

Kichererbsencreme

Zutaten für 4 Personen:
250 g Kichererbsen
1 l Wasser
1 Lorbeerblatt
1 Zweig frisches Bohnenkraut
1 kleine Zwiebel (etwa 50 g)
1 Knoblauchzehe
2 Eßl. kaltgepreßtes Olivenöl
1 Eßl. Zitronensaft
1 Prise Cayennepfeffer
Meersalz
Zum Garnieren:
1/2 Bund krause Petersilie
einige schwarze Oliven

Braucht etwas Zeit

Pro Portion etwa:
1300 kJ / 310 kcal
13 g Eiweiß · 14 g Fett
32 g Kohlenhydrate

- Dauert insgesamt 10–14 Stunden
- Quellzeit: 8–12 Stunden

1. Die Kichererbsen waschen und in dem Wasser 8–12 Stunden quellen lassen.

2. Die Erbsen in dem Einweichwasser mit dem Lorbeerblatt und dem Bohnenkraut bei mittlerer Hitze zugedeckt in etwa 1 1/2 Stunden weich kochen.

3. Die Zwiebel und die Knoblauchzehe fein hacken. Das Olivenöl in einer Pfanne erhitzen, die Zwiebel und den Knoblauch darin glasig braten, dann auskühlen lassen.

4. Die gekochten Erbsen abgießen, das Lorbeerblatt und das Bohnenkraut entfernen. Die Erbsen heiß durch ein Sieb streichen oder portionsweise im Mixer pürieren, dann auskühlen lassen.

5. Das Kichererbsenpüree mit den Zwiebel- und Knoblauchstückchen vermengen. Den Aufstrich mit dem Zitronensaft, dem Cayennepfeffer und Meersalz abschmecken.

6. Die Petersilie waschen und in kleine Sträußchen teilen. Die Oliven entsteinen und halbieren.

7. Die Erbsencreme mit der Petersilie und den Oliven garniert servieren. Sie paßt gut zu getoastetem Weizenvollkornbrot.

Zucchiniaufstrich

Zutaten für 4 Personen:
300 g junge Zucchini
Meersalz
1 Zwiebel (etwa 100 g)
2 Knoblauchzehen
2 Eier
2 Eßl. kaltgepreßtes Olivenöl
1 Bund Petersilie
2 Eßl. Crème fraîche
1 Eßl. Zitronensaft
1 kräftige Prise Cayennepfeffer
schwarzer Pfeffer, frisch gemahlen
Zum Bestreuen:
1 Teel. edelsüßes Paprikapulver

Raffiniert

Pro Portion etwa:
880 kJ / 210 kcal
6 g Eiweiß · 18 g Fett
5 g Kohlenhydrate

- Dauert insgesamt etwa 45 Minuten

1. Die Zucchini waschen, putzen, fein raspeln, leicht salzen und etwa 5 Minuten ruhen lassen. Dann portionsweise in einem sauberen Tuch leicht ausdrücken.

2. Die Zwiebel und die Knoblauchzehen fein hacken.

3. Die Eier in 10 Minuten hart kochen, kalt abschrecken, schälen und klein würfeln.

4. Das Öl in einem Topf erhitzen, die Zwiebel und den Knoblauch darin glasig braten. Die Zucchini hinzufügen und bei mittlerer Hitze unter häufigem Rühren schmoren, bis die entstandene Flüssigkeit verdampft ist. Das dauert 10–15 Minuten.

5. Die Petersilie waschen und fein hacken. Die Zucchinimischung auskühlen lassen, dann mit den Eierwürfeln und der Hälfte der Petersilie vermengen.

6. Die Crème fraîche unterrühren. Den Zucchiniaufstrich mit dem Zitronensaft, dem Cayennepfeffer, etwas Meersalz und reichlich Pfeffer pikant abschmecken. Den Zucchiniaufstrich mit der restlichen Petersilie und dem Paprikapulver bestreut servieren. Er paßt gut zu gebuttertem Vollkornbrot.

Im Bild vorne: Zucciniaufstrich
Im Bild hinten: Kichererbsencreme

Tomaten-aufstrich mit Basilikum

Zutaten für 4 Personen:
2 große vollreife Tomaten (etwa 300 g)
50 g schwarze Oliven
1 Bund frisches Basilikum
4 Eßl. Crème fraîche
1 Knoblauchzehe
Meersalz
weißer Pfeffer, frisch gemahlen

Schnell

Pro Portion etwa:
630 kJ / 150 kcal
2 g Eiweiß · 14 g Fett
5 g Kohlenhydrate

• Dauert insgesamt etwa 15 Minuten

1. Die Tomaten mit kochendem Wasser überbrühen, kurz darin ziehen lassen, kalt abschrecken, häuten und halbieren. Die Tomatenhälften von den grünen Stielansätzen und allen Kernen befreien und in sehr kleine Würfel schneiden.

2. Die Oliven abtropfen lassen, entsteinen und fein hacken. Das Basilikum waschen und trockenschwenken. Die Basilikumblättchen von den Zweigen zupfen und sehr fein schneiden.

3. Die Tomatenwürfel, die Olivenstückchen und das geschnittene Basilikum mit der Crème fraîche in einer Schüssel verrühren.

4. Die Knoblauchzehe durch die Presse dazudrücken. Den Tomatenaufstrich mit Meersalz und Pfeffer pikant abschmecken. Er paßt gut zu kräftigem Vollkornbrot.

Sellerie-Nuß-Creme

Zutaten für 4 Personen:
80 g Walnußkerne
1 Stück Sellerieknolle (etwa 150 g)
1 Eßl. Zitronensaft
200 g Mascarpone, ersatzweise Doppelrahm-Frischkäse
Meersalz
weißer Pfeffer, frisch gemahlen
Zum Garnieren:
1/2 Bund Petersilie
einige halbe Walnußkerne

Schnell • Für Gäste

Pro Portion etwa:
1500 kJ / 360 kcal
10 g Eiweiß · 31 g Fett
5 g Kohlenhydrate

• Dauert insgesamt etwa 15 Minuten

1. Die Walnußkerne fein mahlen und in einer trockenen Pfanne bei mittlerer Hitze rösten, bis sie zu duften beginnen. Die Nüsse auf einem Teller auskühlen lassen, da sie sonst in der heißen Pfanne noch nachbräunen.

2. Die Sellerieknolle schälen, fein raspeln und sofort mit dem Zitronensaft beträufeln, damit sie weiß bleibt.

3. Den Mascarpone mit den gemahlenen Walnußkernen und den Selleriaspeln verrühren. Den Aufstrich mit Meersalz und Pfeffer pikant abschmecken.

4. Die Petersilie waschen, trockenschwenken und in kleine Sträußchen teilen. Die Sellerie-Nuß-Creme mit den Petersiliensträußchen und den Walnußkernen garniert servieren. Die Creme paßt gut zu Vollkornbrötchen oder Vollkorntoastbrot.

Tip!

Der cremige Aufstrich eignet sich auch gut zum Füllen von ausgehöhlten Tomaten, hartgekochten Eierhälften oder Tortelettes. Das geht am besten mit der Sterntülle eines Spritzbeutels.

Im Bild vorne: Sellerie-Nuß-Creme
Im Bild hinten: Tomatenaufstrich mit Basilikum

Pfefferkäse mit Kresse

Kresse ist reich an Vitamin C und an Kalzium. Man kann sie relativ preiswert das ganze Jahr über frisch kaufen und auf der Fensterbank ein paar Tage aufheben.

Zutaten für 4 Personen:
1 kleine rote Paprikaschote (etwa 100 g)
1 kleine Zwiebel (etwa 50 g)
1 Kästchen Kresse
1 Eßl. eingelegte grüne Pfefferkörner aus dem Glas
200 g Doppelrahm-Frischkäse
2 Eßl. Crème fraîche
Meersalz

Schnell

Pro Portion etwa:
970 kJ / 230 kcal
7 g Eiweiß · 21 g Fett
3 g Kohlenhydrate

- Dauert insgesamt etwa 15 Minuten

1. Die Paprikaschote waschen und halbieren. Die Schotenhälften vom Stielansatz und von den weißen Rippen und Kernen befreien und in kleine Würfel schneiden.

2. Die Zwiebel fein hacken. Die Kresse mit einer Schere vom Beet in ein großes Sieb schneiden, waschen, trockenschwenken und fein hacken.

3. Die Pfefferkörner abtropfen lassen und grob zerhacken oder im Mörser zerstoßen. Den Doppelrahm-Frischkäse in einer Schüssel mit der Crème fraîche verrühren.

4. Die Paprikaschotenwürfel, die Zwiebelstückchen, die gehackte Kresse und die zerkleinerten Pfefferkörner unterrühren. Den Pfefferkäse mit etwas Meersalz pikant abschmecken. Er paßt gut zu Graham- oder Weizenkeimbrötchen.

Möhren-Apfel-Aufstrich

Der schmackhafte und kalorienarme Aufstrich macht wenig Arbeit. Sie sollten ihn erst unmittelbar vor dem Servieren zubereiten.

Zutaten für 4 Personen:
1 Möhre (etwa 150 g)
1 säuerlicher Apfel (etwa 150 g)
1 Eßl. Zitronensaft
100 g Magerquark
2 Eßl. Crème fraîche
Meersalz
weißer Pfeffer, frisch gemahlen
Zum Bestreuen:
1 Bund Petersilie

Preiswert • Schnell

Pro Portion etwa:
410 kJ / 98 kcal
5 g Eiweiß · 5 g Fett
8 g Kohlenhydrate

- Dauert insgesamt etwa 15 Minuten

1. Die Möhre waschen, dünn schälen und fein raspeln. Den Apfel ebenfalls schälen und fein raspeln, dabei vom Kerngehäuse befreien. Die Apfelraspeln sofort mit dem Zitronensaft beträufeln, damit sie weiß bleiben.

2. Den Magerquark in einer Schüssel mit der Crème fraîche verrühren. Die Möhren- und Apfelraspeln hinzufügen.

3. Den Aufstrich mit Meersalz und Pfeffer pikant abschmecken. Die Petersilie waschen, trockenschwenken, von den groben Stielen befreien und fein hacken.

4. Den Möhren-Apfel-Aufstrich mit der Petersilie bestreut sofort servieren. Er paßt gut zu Vollkornbrötchen oder Grahambrötchen.

Grünkern-aufstrich

Ein köstlicher Aufstrich aus der Vollwertküche, der geschmacklich an feine Leberwurst erinnert, aber wesentlich gesünder ist. Falls Sie keine Getreidemühle besitzen, können Sie den Grünkern gleich im Reformhaus schroten lassen.

Zutaten für 4 Personen:
200 g Grünkernschrot
1/2 l Gemüsebrühe
1 Zwiebel (etwa 100 g)
1 Knoblauchzehe
60 g weiche Butter
einige Blätter frischer Salbei
1 Bund Petersilie
1/2 Teel. getrockneter, zerriebener Majoran
weißer Pfeffer, frisch gemahlen
Meersalz

Braucht etwas Zeit
Preiswert

Pro Portion etwa:
1300 kJ / 310 kcal
7 g Eiweiß · 14 g Fett
38 g Kohlenhydrate

• Dauert insgesamt etwa 1 Stunde

1. Den Grünkernschrot in der Gemüsebrühe bei schwacher Hitze zugedeckt etwa 15 Minuten köcheln lassen. Den Topf vom Herd nehmen und den Grünkern erst zugedeckt etwa 20 Minuten ausquellen, dann auskühlen lassen.

2. Die Zwiebel und die Knoblauchzehe fein hacken. 2 Eßlöffel von der Butter in einer Pfanne erhitzen, die Zwiebel- und die Knoblauchwürfel darin glasig braten. Dann auskühlen lassen.

3. Den Salbei und die Petersilie waschen und trockenschwenken. Die Petersilie ohne die groben Stiele zusammen mit den Salbeiblättern fein hacken.

4. Den ausgekühlten Grünkernschrot in einer Schüssel mit der restlichen Butter verrühren. Die gebratenen Zwiebel- und Knoblauchstückchen hinzufügen. Die Petersilie, den Salbei und den Majoran unterrühren. Den Grünkernaufstrich mit Pfeffer und Meersalz pikant abschmecken. Kühl aufbewahrt hält er sich 2–3 Tage. Er paßt gut zu getoastetem Weizenvollkornbrot.

Käse-Nuß-Creme

Zutaten für 4 Personen:
50 g Walnußkerne
125 g Chester oder alter Gouda
125 g Edamer
100 g Sahne
Meersalz
schwarzer Pfeffer, frisch gemahlen
Zum Garnieren:
1/2 Bund krause Petersilie
einige halbe Walnußkerne

Schnell

Pro Portion etwa:
1400 kJ / 330 kcal
12 g Eiweiß · 29 g Fett
4 g Kohlenhydrate

• Dauert insgesamt etwa 15 Minuten

1. Die Walnußkerne fein mahlen und in einer trockenen Pfanne bei mittlerer Hitze rösten, bis sie zu duften beginnen. Die Nüsse auf einem Teller auskühlen lassen, da sie sonst in der heißen Pfanne noch nachbräunen.

2. Den Chester oder den Gouda und den Edamer sehr fein reiben und in einer Schüssel mit den gemahlenen Nüssen mischen.

3. Die Sahne halbsteif schlagen und unterziehen. Den Aufstrich mit Meersalz und Pfeffer pikant abschmecken.

4. Die Petersilie waschen, trockenschwenken und in kleine Sträußchen teilen. Die Käse-Nuß-Creme mit den Petersiliensträußchen und den halben Walnußkernen garniert servieren. Sie paßt gut zu Vollkorntoastbrot oder Weizenkeimbrötchen.

Im Bild vorne: Käse-Nuß-Creme
Im Bild hinten: Grünkernaufstrich

Paprikapaste

Zutaten für 4 Personen:
4 große rote Paprikaschoten (etwa 600 g)
1 Eßl. kaltgepreßtes Olivenöl
1 Eßl. Zitronensaft
Meersalz
schwarzer Pfeffer, frisch gemahlen
1 Bund Petersilie

Preiswert

Pro Portion etwa:
310 kJ / 74 kcal
2 g Eiweiß · 5 g Fett
5 g Kohlenhydrate

- Dauert insgesamt etwa 1 Stunde

1. Den Backofen auf 220° vorheizen. Die Paprikaschoten auf den Rost im Backofen legen und etwa 40 Minuten rösten, bis die Schalen Blasen werfen.

2. Die Paprikaschoten in ein feuchtes Tuch einschlagen und 5 Minuten ruhen lassen. Dann die Haut mit einem Messer abziehen. Die Paprikaschoten halbieren, von den Stielansätzen, den weißen Rippen und den Kernen befreien und fein hacken oder im Mixer pürieren. Dann auskühlen lassen.

3. Das Paprikapüree mit dem Öl und dem Zitronensaft verrühren und mit Meersalz und reichlich Pfeffer abschmecken.

4. Die Petersilie waschen, trockenschwenken, von den groben Stielen befreien und fein hacken. Die Paprikapaste mit der Petersilie bestreut servieren. Sie paßt gut zu Vollkornbrot.

Auberginenpaste mit Tomaten

Zutaten für 4 Personen:
2 Auberginen (etwa 400 g)
2 vollreife Tomaten (etwa 300 g)
1 kleine Zwiebel (etwa 50 g)
1 Knoblauchzehe
1 Eßl. Zitronensaft
2 Eßl. kaltgepreßtes Olivenöl
1 kräftige Prise Cayennepfeffer
Meersalz
schwarzer Pfeffer, frisch gemahlen
Zum Bestreuen:
1 Bund Petersilie

Braucht etwas Zeit

Pro Portion etwa:
560 kJ / 130 kcal
3 g Eiweiß · 10 g Fett
8 g Kohlenhydrate

- Dauert insgesamt etwa 1 1/2 Stunden

1. Den Backofen auf 220° vorheizen. Die Auberginen auf dem Rost in den Backofen geben und etwa 40 Minuten rösten, bis die Schalen ausgetrocknet sind und feine Risse zeigen.

2. Die Tomaten heiß überbrühen, abschrecken, häuten und halbieren. Dann von den grünen Stielansätzen und den Kernen befreien und sehr klein würfeln.

3. Die Zwiebel und die Knoblauchzehe fein hacken. Die Petersilie für die Garnierung waschen, trockenschwenken, von den groben Stielen befreien und fein hacken.

4. Die gerösteten Auberginen in ein feuchtes Tuch einschlagen und etwa 5 Minuten ruhen lassen. Dann die Haut mit einem scharfen Messer abziehen, die Stielansätze entfernen.

5. Das Auberginenfleisch in kleine Würfel schneiden, dabei braune losgelöste Kerne entfernen. Kleine helle Kerne können Sie mitverwenden. Die Auberginen mit dem Zitronensaft beträufeln und im Mixer pürieren.

6. Das Olivenöl in einer großen Pfanne erhitzen, die Zwiebel- und die Knoblauchstückchen darin glasig braten. Das Auberginenpüree und die Tomatenwürfel hinzufügen und bei schwacher Hitze unter häufigem Rühren in etwa 10 Minuten zu einer dicken Paste einkochen.

7. Den Aufstrich mit dem Cayennepfeffer, Meersalz und reichlich Pfeffer pikant abschmecken. Dann auskühlen lassen.

8. Die Paste mit der gehackten Petersilie bestreut servieren. Sie paßt gut zu Vollkornbrot.

Im Bild vorne: Paprikapaste
Im Bild hinten: Auberginenpaste mit Tomaten

Frischkäse mit Sonnenblumenkernen

Sie können die Sonnenblumenkerne auch durch Pinien- oder Kürbiskerne ersetzen.

Zutaten für 4 Personen:
100 g Sonnenblumenkerne
1 Zweig frischer Thymian
250 g Doppelrahm-Frischkäse
3 Eßl. Crème fraîche
2 Knoblauchzehen
Meersalz
weißer Pfeffer, frisch gemahlen

Schnell

Pro Portion etwa:
1800 kJ / 430 kcal
14 g Eiweiß · 39 g Fett
3 g Kohlenhydrate

• Dauert insgesamt etwa 10 Minuten

1. Die Sonnenblumenkerne in einer trockenen Pfanne bei mittlerer Hitze rösten, bis sie goldgelb sind. Dann auf einem Teller auskühlen lassen, da sie sonst in der heißen Pfanne noch nachbräunen. Etwa drei Viertel der Sonnenblumenkerne mit einem großen schweren Messer oder im Zwiebelhacker zerkleinern.

2. Den Thymian waschen, trockenschwenken, die Blättchen von den Stielen zupfen und fein hacken.

3. Den Frischkäse mit der Crème fraîche verrühren. Die zerkleinerten Sonnenblumenkerne und die gehackten Thymianblättchen unterrühren. Die Knoblauchzehen durch die Presse dazudrücken.

4. Den Frischkäse mit Meersalz und Pfeffer pikant abschmecken. Den Aufstrich mit den restlichen Sonnenblumenkernen bestreut servieren. Er paßt gut zu frischen Weizenkeimbrötchen.

Radieschenschnee

Zutaten für 4 Personen:
2 Bund Radieschen
Meersalz
2 Eßl. Crème fraîche
100 g Doppelrahm-Frischkäse
1 Eßl. Zitronensaft
weißer Pfeffer, frisch gemahlen

Gelingt leicht

Pro Portion etwa:
590 kJ / 140 kcal
4 g Eiweiß · 13 g Fett
2 g Kohlenhydrate

• Dauert insgesamt etwa 15 Minuten

1. Die Radieschen vom Blattgrün und von den Wurzelenden befreien, gründlich waschen und trockentupfen. 2 Radieschen und etwas schönes Blattgrün zum Garnieren beiseite legen.

2. Die Radieschen ganz fein hacken, salzen und etwa 5 Minuten ruhen lassen. Dann in einem sauberen Tuch leicht ausdrücken und in einer Schüssel mit der Crème fraîche und dem Doppelrahm-Frischkäse vermengen. Die Masse mit dem Zitronensaft, Meersalz und Pfeffer pikant würzen.

3. Die restlichen Radieschen in hauchdünne Scheiben schneiden. Das Blattgrün waschen, trockenschwenken und fein hacken. Den Aufstrich mit den Radieschenscheiben und dem Blattgrün garniert sofort servieren. Er paßt gut zu Vollkornbrot oder Grahambrötchen.

Variante:
Anstelle der Radieschen können Sie auch 300 g geschälten, fein geraspelten weißen Rettich verwenden.

Im Bild oben: Frischkäse mit Sonnenblumenkernen
Im Bild unten: Radieschenschnee

Aprikosen-aufstrich

Ein süßer Brotaufstrich, der Abwechslung auf den Frühstückstisch bringt.

Zutaten für 4 Personen:
200 g getrocknete ungeschwefelte Aprikosen
1/4 l ungesüßter Apfelsaft
1 Prise gemahlener Piment
1 Eßl. Zitronensaft
1-2 Eßl. flüssiger Honig

Preiswert

Pro Portion etwa:
770 kJ / 180 kcal
3 g Eiweiß · 0 g Fett
43 g Kohlenhydrate

- Dauert insgesamt etwa 30 Minuten

1. Die Aprikosen in heißem Wasser waschen, dann grob zerhacken, Die Aprikosenstücke mit dem Apfelsaft und dem Pimentpulver in einen Topf geben und langsam zum Kochen bringen.

2. Die Aprikosen bei schwacher Hitze offen unter häufigem Rühren etwa 20 Minuten köcheln lassen, bis die Flüssigkeit fast verdampft ist.

3. Die Aprikosenmasse mit dem Zitronensaft im Mixer pürieren. Den Aufstrich mit dem Honig süßen und auskühlen lassen. Im Kühlschrank hält sich der Aprikosenaufstrich ungefähr 1 Woche. Er paßt gut zu gebutterten Grahambrötchen.

Birnenkraut

Wenn Ihnen vom Einmachen unansehnliche Früchte und Birnenschalen in größerer Menge übriggeblieben sind, können Sie daraus diesen aromatischen Brotaufstrich bereiten.

Zutaten für 12 Personen:
5 kg Birnen
(oder etwa 2 1/2 kg Birnen
und etwa 2 kg Birnenschalen)
1 l ungesüßter Apfelsaft
1 Teel. gemahlener Piment
1/2 Teel. gemahlener Zimt
1-3 Eßl. Zitronensaft

Braucht etwas Zeit

Pro Portion etwa:
270 kJ / 64 kcal
0 g Eiweiß · 0 g Fett
16 g Kohlenhydrate

- Dauert insgesamt etwa 2 3/4 Stunden

1. Die Birnen waschen, achteln und von den Blüten, Stielansätzen und Kerngehäusen befreien. Wenn nötig, Faul- und Druckstellen großzügig wegschneiden.

2. Die ungeschälten Birnenstücke in einem großen Topf mit dem Apfelsaft, dem Pimentpulver und dem Zimtpulver zum Kochen bringen. Die Birnen bei schwacher Hitze offen unter gelegentlichem Umrühren etwa 1 Stunde köcheln lassen, bis sie zu Mus zerfallen.

3. Ein großes Haarsieb mit einem Mulltuch auskleiden. Das Birnenmus portionsweise hineingeben, abtropfen lassen, dann leicht ausdrücken und den Saft in eine Schüssel ablaufen lassen. Das Birnenmus wegwerfen.

4. Den gewonnenen Saft in einen weiten schweren Topf gießen. Den Zitronensaft – die Menge richtet sich nach der Süße der Birnen – hinzufügen.

5. Den Birnensaft bei schwacher Hitze offen unter häufigem Rühren einkochen, bis er goldbraun und zähflüssig wie Honig geworden ist. Das dauert etwa 45 Minuten.

6. Den Aufstrich auskühlen lassen. In verschlossenen Gläsern kühl aufbewahrt ist das Birnenkraut 2–3 Monate haltbar. Es paßt gut zu gebutterten Vollkornbrötchen.

Im Bild vorne: Birnenkraut
Im Bild hinten: Aprikosenaufstrich

REZEPT- UND SACHREGISTER

Zum Gebrauch
Damit Sie Rezepte mit bestimmten Zutaten noch schneller finden können, stehen in diesem Register zusätzlich auch beliebte Zutaten wie Käse und Kräuter – ebenfalls alphabetisch geordnet – über den entsprechenden Rezepten.

Umschlag-Vorderseite:
Im Bild vorne sehen Sie den Ungarischen Paprikakäse (Rezept Seite 20), im Bild hinten einen pikanten Radieschenschnee (Rezept Seite 58).

CIP-Kurztitelaufnahme der Deutschen Bibliothek
Beyreder, Adelheid:
Brotaufstriche – pikant und süß, gesund und originell – selbstgemacht / Adelheid Beyreder. – 1. Auflage – München:
Gräfe und Unzer, 1990.
(GU-Küchenratgeber)
ISBN 3-7742-1295-3

1. Auflage 1990

Redaktion: Cornelia Schinharl
Layout: Ludwig Kaiser
Typografie und Herstellung: Rober Gigler
Fotos: Odette Teubner, Kerstin Mosny
Umschlaggestaltung: Heinz Kraxenberger
Druck und Bindung: Stürtz AG
ISBN 3-7742-1295-3

Adelheid Beyreder
lebt in Wien und ist seit vielen Jahren im Buchhandel tätig. Neben Beruf und Haushalt machte sie das Abitur und studierte Rechtswissenschaft. Seit dem Studienabschluß hat sie wieder mehr Zeit für ihr großes Hobby, das Kochen. Mit Begeisterung sammelt und erfindet sie Rezepte, um sie in der eigenen Küche auszuprobieren. Für diesen Küchen-Ratgeber hat sie besonders reizvolle Brotaufstriche zusammengestellt.